穿越罗生门：
黑泽明传

AKIRA
KUROSAWA
Peter Wild

[英] 彼得·怀尔德 著
武小庆 译

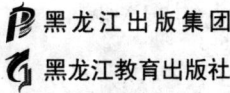

黑版贸审字 08-2017-161号

图书在版编目（CIP）数据

穿越罗生门：黑泽明传 /（英）彼得·怀尔德
（Peter Wild）著；武小庆译. -- 哈尔滨：黑龙江教育
出版社，2017.12
ISBN 978-7-5316-9396-3

Ⅰ．①穿… Ⅱ．①彼… ②武… Ⅲ．①黑泽明
（1910—1998）—传记 Ⅳ．①K833.135.78

中国版本图书馆 CIP 数据核字（2017）第 327797 号

Akira Kurosawa by Peter Wild was first published by Reaktion Books, London, UK, 2014, in the Critical Lives series.
Copyright © Peter Wild 2014.
Simplified Chinese edition copyright © 2018 by Heilongjiang Education Publishing House.
Rights arranged through CA-Link International LLC.
ALL RIGHTS RESERVED.

穿越罗生门：黑泽明传
CHUANYUE LUOSHENGMEN: HEIZEMING ZHUAN

丛书策划	宋舒白
作　　者	［英］彼得·怀尔德（Peter Wild）
译　　者	武小庆
选题策划	王　毅
责任编辑	王　毅　安　畅
装帧设计	冯军辉
责任校对	张爱华

出版发行	黑龙江教育出版社（哈尔滨市道里区群力第六大道 1305 号）
印　　刷	山东临沂新华印刷物流集团有限责任公司
新浪微博	http://weibo.com/longjiaoshe
公众微信	heilongjiangjiaoyu
天 猫 店	https://hljjycbsts.tmall.com
E-mail	heilongjiangjiaoyu@126.com
电　　话	010—64187564

开　本	700×1000　1/16
印　张	15.5
字　数	162千
版　次	2018年4月第1版　2018年4月第1次印刷
书　号	ISBN 978-7-5316-9396-3
定　价	58.00 元

献给玛莎·怀尔德,世界上最棒的校对员。

目录

Contents

序 / 001

第一章　1910—1942 年：早期岁月 / 001

第二章　1943—1947 年：早期作品 / 015

第三章　1947—1949 年：现代之恶 / 041

第四章　1950 年：世界的电影 / 061

第五章　1951—1954 年：功成名就 / 083

第六章　1955—1957 年：黑暗和失望 / 101

第七章　1958—1960 年：挑战传统 / 121

第八章　1961—1963 年：忘我工作 / 134

第九章　1964—1973 年：结局 / 153

第十章　1975—1985 年：庄严的盛典／172

第十一章　1986—1998 年：回声／194

致谢／215

参考文献／216

序
Preface

黑泽明的电影作品仍然在向世界证明着自己。从他于1998年辞世（享年88岁）至今，已经有10多部电影被翻拍或者被改编。这些电影包括分别从《七武士》《罗生门》获得灵感而拍摄的动画电影《虫虫特工队》和《小红帽》，还有《善恶无赦》《黄金公主》等翻拍电影，前者是重访《罗生门》，后者是再现《战国英豪》，这些还仅是人们耳熟能详的电影。拍摄过《出租车司机》《愤怒的公牛》《盗亦有道》《纽约黑帮》和《无间行者》等电影的传奇导演马丁·斯科塞斯，就高调宣称自己是黑泽明的仰慕者。他一直在考虑重拍《天国与地狱》，这可能是黑泽明在黄金时期知名度较低的电影。时至今日，黑泽明的作品仍然受到影评界的赞美，例如，《七武士》是"烂番茄"影评网收到评论最多的电影，经常在《视觉与声音》杂志影评中名列前茅，还荣登《帝国》杂志的百部世界最佳电影之首。不管你怎样衡量影评界对他的作品的接受度，黑泽明的成就仍然无人企及。

黑泽明在电影公司打拼多年，这使得他能够"通晓电影制作过

黑泽明的成就至今无人企及

程中各个部门的所有工作"。他和一批电影工作者长期合作，完成了大部分电影的拍摄和制作。黑泽明是一位目光敏锐、对编剧和拍摄技术要求非常严苛的导演。①他在拍摄技术上的创新——使用3个机位拍摄同一场景、使用长焦镜头和慢镜头拍摄动作场景——至今仍然影响深远。萨姆·佩金帕拍摄的《日落黄沙》、华伦·比提和阿瑟·佩恩拍摄的《邦妮和克莱德》都借鉴了黑泽明的创新技术。甚至昆汀·塔伦蒂诺在执导怪诞及滑稽的盛宴——《被解救的姜戈》时，也再现了黑泽明1962年拍摄的电影《椿三十郎》高潮部分鲜血喷涌而出的经典场景。

如果只把黑泽明看成电影暴力美学的开创者是远远不够的，他的作品还以体现深刻的人性而著称，如：1952年的电影《生之欲》以及他后期导演的两部电影——《影子武士》（1980）和《乱》（1985），尤其是《乱》中创造的让人生畏的视觉效果同样令人称道。在处理画面和选择配乐方面，如：1949年的作品《野良犬》以及与佐藤胜这样的作曲家密切合作时，他非常注重配乐的重要性，这种前所未有的方式影响了一代又一代的导演。佐藤胜在《用心棒》（1961）中的配乐，曾被埃尼奥·莫里康内用于塞尔吉奥·莱奥内导演的那部不太光彩的、翻拍自《用心棒》的电影《荒野大镖客》中。

年轻时的黑泽明曾经希望成为画家，他对绘画的见解体现在电影画面的构图上，至今还让人惊叹不已。人们会联想到下面经典场景的构图方式，如：《用心棒》中，三船敏郎扮演的落魄浪人端坐在街上

---

① 黑泽明：《蛤蟆的油》，纽约，1983，第95页。

高高的望火楼上观看双方打斗;《懒汉睡夫》的开场戏中,人物众多的宏大场景(这个著名的、大师级的开场戏,对弗朗西斯·福特·科波拉拍摄《教父》产生了影响);《战国英豪》的开场戏中,石阶上的混乱场景(受到谢尔盖·艾森斯坦的《战舰波特金》的影响);《乱》中火烧城堡的场景;《蜘蛛巢城》中三船敏郎和山田五十铃饰演的一对狡诈夫妻欲海追逐的猫鼠游戏场景,等等。这些场景多不胜数,令人经久难忘。

当然,这并不是说黑泽明过去或现在总是被当作偶像崇拜。在他的职业生涯中,来自日本国内和国外的批评从未停止过,有的批评来自电影导演,有的来自影评界。与导演过《浮草》《东京物语》的小津安二郎以及导演过《西鹤一代女》《雨月物语》《山椒大夫》等80多部电影的沟口健二(这两位都是黑泽明非常崇敬的导演)相比,他并不算一个纯粹的日本导演,西方电影对他影响很大。他过于感情用事、过于幼稚,他的作品走精英路线。他为人傲慢、难以接触,他所塑造的女性角色都是被动的。有些人称他是抄袭者,电影中所有最精彩的部分,都是从他年轻时看过的电影或读过的文学作品中剽窃而来。

有些冲突,例如在第二次世界大战期间,电影审查官试图剪掉电影中的诸多镜头,黑泽明与他们针锋相对、奋力抗争。有些毫无新意的记者对他电影中受西方影响的陈旧争论拿出来一次次"炒冷饭"时,他时常回击他们。有人指责他脱离当代电影观众,这更是一个理不清的纠葛,甚至导致了他后期导演的一些电影入不敷出。按照同时代日本电影从业者的标准,黑泽明拍电影的花费超出预算太多,为此,有些电影公司不太愿意与他合作。有些人批评他在片场的工作习惯非常古怪，认为他在电影《虎！虎！虎！》中的工作是完完全全疯狂的。他数次陷入入不敷出的窘境，命运受制于电影产业的发展和观众们口味的变化。电影给他动力，同时又在摧毁他（他经常由于极度劳累而倒下，并住院治疗），曾经一度不能再拍电影，这让他完全无法接受，并在1971年试图自杀。

然而，黑泽明不是甘愿说"不"的人，他会一直坚持去找正确的方法，他会站起来拍掉身上的尘土，重新开始，并为解决难题再试一次。"你可能在同一个地方跌倒七次"，黑泽明引用了日本古代的一个谚语，"但是只要你第八次站起来，你就赢了。"① 在他生命的最后20年里，虽然工作节奏比20世纪五六十年代慢了很多，但他仍然拍出了多部优秀电影。

"大多数导演有一两部让他们扬名的代表作，"弗朗西斯·福特·科波拉曾经说，"黑泽明则有八九部。"② 黑泽明不仅是日本有史以来最伟大的导演之一，他也是世界上最伟大的导演之一，一个可以与阿尔弗雷德·希区柯克、费德里科·费里尼、让·雷诺阿、斯坦利·库布里克以及黑泽明的偶像约翰·福特等著名导演相媲美的人。史蒂文·斯皮尔伯格把黑泽明称为"我们电影界中为数不多的、具有远见卓识的人之一"③。他的电影作品和所产生的影响将会源远流长。

---

① 斯图尔特·加尔布雷思（Stuart Galbraith IV）：《天皇和狼：黑泽明与三船敏郎的生活和电影》(*The Emperor and the Wolf: The Lives and Films of Akira Kurosawa and Tishiro Mifune*)，伦敦，2002年，第562页。
② 《黑泽明：最后的天皇》(*Kurosawa: The Last Emperor*)，阿力克斯·考克斯（Alex Cox）导演，1999年，第1部分。
③ 史蒂文·斯皮尔伯格（Steven Spielberg）：为黑泽明颁发第62届奥斯卡荣誉奖的致辞，加利福尼亚州洛杉矶，1990年3月。

第一章
1910—1942年：早期岁月

如果敢于直视一切，你就无所畏惧。①

黑泽明出生前的日本社会一直处于剧变之中，剧变持续到他出生后的数十年。黑泽明出生于一个武士家庭——武士一直活在他父母的记忆中，从他的家庭变迁中可以看到这些变化（例如，1873年的军事改革导致了武士阶层与日本新式帝国军队之间的战争）。第二次世界大战期间，美日开战，那个时代所有的记录几乎都毁于战火，这些变化由此变得更加错综复杂。因此，我们对黑泽明早期岁月的了解大多都来自他的自述。

1868年明治维新的开始，宣告了延续了700多年的封建军阀制度的结束。明治维新本身就是军阀们为确保明治天皇的地位而结成的一次联盟。明治维新开始了日本市场经济的进程，对日本政治、社会结构产生了巨大的影响：广泛的土地改革改变了自德川幕府时代以来的阶级结构，农民可以通过出租土地获得财富；军队的力量

---

① 题记来自黑泽明的传记《蛤蟆的油》，纽约，1983，第54页。

得到加强，日军在中日甲午战争和日俄战争中获胜并得到赔偿；许多地方的方言被一种称为"标准语"的全国性的语言代替；工业化的快速发展，给日本带来了从全国铁路系统到新兴的企业家阶层在内的新事物，促进了新技术产品的生产，而且其成本比西方要低得多。开放对外贸易使西方的影响随之进入日本，这在以前是没有过的，明治维新之后被称为"大正民主运动"（1912—1926年）时期，在这个时期，苏联文学、欧洲现代主义和美国电影都日渐渗透到日本人的生活中。有些人说1910年3月23日出生的黑泽明真是生逢其时。黑泽明写道："我父亲这代人，在本州北部的秋田欢呼。"① 就像世界各地那些经历了工业化时代巨变的家庭一样，黑泽一家也被吸引到城市里。黑泽明出生时，他的父亲黑泽勇和母亲黑泽缟就住在东京大森区大井町。② 这个地方深深地吸引了黑泽明，他在自传《蛤蟆的油》一书中，用了整整半页版面列出了他觉得有趣的地方，"明治的余韵，大正的声响"。

> 卖豆腐的人吹的喇叭声，修烟斗的人吹的哨声，卖硬糖的小贩给柜子抽屉上锁的声音，卖风铃的叮当声，修理木屐的鞋匠发出的敲击声。③

即使如此，乡村最初和城市一样，也对他有着很大的吸引力。小时候

---

① 黑泽明：《蛤蟆的油》，第61页。
② 斯图尔特·加尔布雷思：《天皇和狼：黑泽明与三船敏郎的生活和电影》伦敦，2002，第14页。
③ 黑泽明：《蛤蟆的油》，第32—33页。

他和家人有时会一起去看望乡下的祖父母,先乘火车到秋田,然后步行 8 英里到达。在路上,他们就欣赏周围的"极其普通"、但"充满了质朴的美"的乡村景色。① 正是在一次秋田之行中,黑泽明了解到了黑泽家族的历史,发现他的祖先们可以追溯到 11 世纪的武士安倍贞任。还有一次在秋田,村里人招待他喝酒,结果才喝完出门就跌进稻田里了。② 不仅黑泽明认为乡村充满了魅力,他的父母和一个姐姐在第二次世界大战中被迫离开东京时,秋田就是他们避难的地方。就是在那里,同一时期,黑泽明的父亲去世了。

1910 年,黑泽勇在陆军体育学校工作,黑泽家从某些方面来说还算小康家庭,他们还雇用了一个佣人。③ 但是由于子女众多——黑泽明有两个哥哥和四个姐姐(第三个哥哥在他出生前去世)——黑泽家并不是真正富有。随后多年,尽管那时黑泽明自己没有注意,但是家里的生活已经每况愈下。他们从大房子搬到小房子、从繁华的地方搬到不尽人意的地方,不安定的生活暴露了经济上的窘境。黑泽勇的性格有些矛盾,他一方面鼓励黑泽明和他的二哥黑泽丙午读小说、看电影(正是丙午向黑泽明推荐了高尔基和陀思妥耶夫斯基的小说以及约翰·福特、弗里兹·朗和谢尔盖·爱森斯坦拍摄的电影,这些小说和电影作品对黑泽明以后形成自己独特的电影摄制风格产生了重要作用),但在后来,面对两个儿子职业的选择时,他又与他们产生了冲突。

黑泽明从 1916 年开始上学,先在森村幼儿园就读,后来进入位

---

① 黑泽明:《蛤蟆的油》,第 61 页。
② 同上,第 63 页,第 67 页。
③ 斯图尔特·加尔布雷思:《天皇和狼:黑泽明与三船敏郎的生活和电影》,第 15 页。

黑泽明（前排，右边数第三位）和家人，包括母亲（前排，右边数第二位）、父亲（站在他身后）和二哥丙午（前排最右边），1914年

于品川的森村学园小学。刚开始,他学习很吃力,同学们认为他每天像梦游一样,甚至连最基本的问题都不会回答。1918年8月,黑泽家搬到了小石川,他转学到了黑田小学。在这里,尤其是在艺术教育上,他得到了很多鼓励。幸亏他遇到了图画课老师立川清治,他发现自己"已当上班长,胸前挂上了有紫色绶带的、金色的班长徽章"。[1] 他每前进两步,就有可能后退一步,黑泽明多年以后还记得一些冷酷无情的老师以及他们给自己的成长带来的影响。在自传中,他写到了童年时男孩子们逞能鲁莽的往事,这些行为甚至会危及生命。他有一次玩得兴起,差点淹死(他在电影《生之欲》重现了这一场景:主人公渡边堪治试图解释等死的感觉是怎样让他回想起年轻时发生的一件类似的事情)——他参与了一件件调皮捣蛋的事情,这些事简直可以让任何一个在场的大人暴跳如雷。

也是在这些年里,黑泽明的父亲,后来是他的姐姐开始带他去电影院,他们总是去离神乐坂不远的牛达剧院观看外国电影,而不是日本电影。[2] 黑泽明在9至19岁之间看了几百部电影,他在自传中列出了一部分,如《卡里加里博士的小屋》《最后一个莫希干人》《月宫宝盒》,还有诸如《伪君子》《大都会》《战舰波将金号》等。[3] 虽然那时还年幼,但黑泽明就已表现出了要追随最喜爱的导演的愿望,他观看所能找到的卓别林的每一部电影,还有约翰·福特、弗里兹·朗、F. W. 莫诺和恩斯特·刘别谦等导演的每一部电影。黑泽明对电影如饥

---

[1] 斯图尔特·加尔布雷思:《天皇和狼:黑泽明与三船敏郎的生活和电影》,第13页。
[2] 彼得·考伊(Peter Cowie):《黑泽明:电影大师》(*Akira Kurosawa: Master of Cinema*),纽约,2010,第44页。
[3] 黑泽明:《蛤蟆的油》,第73页。

似渴,观看了恐怖电影《厄舍古屋的倒塌》、文学改编电影《红杏出墙》,还有富有挑战性的艺术电影,如路易斯·布努埃尔的《一条安达鲁狗》和曼·雷的《骰子城堡的神秘事件》等,还有哈罗德·劳埃德、巴斯特·基顿和华莱士·比里等人最新的喜剧片。看电影时,黑泽明并没有想成为电影导演的念头,当他决定开始从事这一行业时,连自己都觉得惊讶。后来,在自己拍的电影里,他所创造的电影语言,至少一部分是受到了青少年时期看过的大量电影的影响。

黑泽明曾经被诊断得了先天性的癫痫症,他后来承认"小时候曾经常发作"。癫痫症的症状有很多种,如"习惯性精力不集中",这也可以解释为什么他在学校梦游、身体差和在片场有时行为古怪。据他的女儿黑泽和子回忆,他会"瞬间失去意识",有时会昏倒。医生们也认为黑泽明工作时固执己见以及拼命工作直至倒下的性格特点,是由于通向大脑的主动脉上有"一个特殊的弯曲"造成的。[①]

在年轻时期有两个重要的事件给黑泽明的一生产生了无法磨灭的影响。第一件事是他的柔弱的小姐姐百代在 1920 年因病突然去世,70 年以后他在电影《梦》的"桃园"一节中,间接地表现了这一主题。第二件事就是关东大地震。

"大地震那一天早上,万里无云,"他写道,"炎炎夏日炙烤着每个人,碧空如洗,预示着秋天的到来。"1923 年 9 月 1 日,13 岁的黑泽明正在他家外面的街上与朋友玩耍,惩罚着邻居家的那只红毛朝鲜牛,这头牛前一天吼了一整夜,弄得他们一夜都没睡好。这时

---

① 小川洋:《天皇的人:黑泽明的珍珠港》(All the Emperor's Men: Kurosawa's Pearl Harbor),威斯康星州密尔沃基,2012,第 268—269 页。

关东大地震后,满目疮痍的景象

地面传来了轰隆隆的声音，街对面的房子哗哗作响并摇晃起来，瓦片"不断地晃动、从房顶上往下掉"。孩子们担心自己的家人，拼命地往家跑。黑泽家已经成了瓦砾堆，他以为家人都遇难了：

"那时我并没有感到悲伤，反而是莫名的长舒一口气。"当家人都从家里走出来时，他的哥哥还斥责他："光着脚乱跑——不像样子！"在自然灾难面前，黑泽明最深刻的记忆却是羞愧，"全家人中，只有我一个人惊慌失措。"①

相模海槽发生断裂引发了关东大地震，东京和海滨城市横滨的地势因此升高，并给附近的千叶、神奈川和静冈等县造成了惨重的损失。此时的日本虽然正处于空前的繁盛期，而且随着1919年凡尔赛合约的签订，成为了世界五大强国之一，但是东京很多的房子还是木结构，只有帝国酒店——由弗兰克·劳埃德·赖特设计——具有抗震能力。居民们习惯于在室外烧火做饭。木结构房屋、无法控制的火灾，再加上当地一家军火工厂的可燃物发生燃烧引起的大爆炸，最终导致了一场极具破坏力的、伤亡惨重的灾祸，到处都是肆虐的大火和试图穿过被烧熔的沥青路面逃亡却被大火围困的人们。火旋风——即火龙卷风，东京的军用被服厂着火引起——造成了最悲惨的灾难，15分钟内有38 000人被烧死。大地震破坏了城市供水系统，失控的大火肆虐了整整两天。黑泽一家到山手暂避，黑泽明说他看到了"地势低洼的城中心火光冲天，甚至照到了周围的山上，发出闪亮的光。"②

气压急剧下降引起的台风袭击了东京湾，并把大火蔓延到了石川

---

① 黑泽明：《蛤蟆的油》，第47—49页。
② 同上，第50页。

县。800 人死于神奈川县的山体滑坡。小田原以西的大山崩塌，把合欢川村和那时恰好经过的一列火车推进了大海。33 英尺高的海啸袭击了相模湾和伊豆半岛的东海岸，摧毁了 570 000 栋房屋，约 190 万人无家可归。

红毛朝鲜牛不是唯一受害者。随灾难而来的还有漫天的谣言，这些谣言说朝鲜人掠夺废墟中的财物、纵火并在水井中投毒。暴民巡逻队攻击朝鲜人，或者任何被怀疑是朝鲜人的人，后来发展到攻击任何说日本各地方言的人。成百上千的人被残杀，更多的人遭到伏击和威胁，这其中包括了黑泽明的父亲，他的父亲对暴民用他们听得懂的语言大声呵斥才得以保命。黑泽明对其中一则四处传播并导致暴力的谣言的内情非常了解。

> 他们告诫我们不要饮用附近水井里的水，原因是围着水井的砖墙上有人用白色粉笔做了一些奇怪的记号，据说这是朝鲜语符号，表示这口井已经被下了毒。我大吃一惊，事实上那些奇怪的记号就是我随便画上去的。看到大人们的所作所为，我不禁摇头，思考起人类究竟是怎么回事了。①

关东大地震造成了约 11 万人遇难，但是这位未来的导演看到的地震后的惨状，还远远不是全部。很快，黑泽明的哥哥丙午就带他目睹了震后惨烈的景象，在他的余生中，惨烈的景象一直萦绕在脑海，

---

① 黑泽明：《蛤蟆的油》，第 52 页。

挥之不去。"在一大片令人作呕的红色中,"59年后,在他最后的史诗巨片《乱》中,黑泽明重现了这一恐怖场景。

> 我看到了各种各样的尸体,有烧焦的、半烧焦的、死在排水沟里的、漂浮在河里的,还有堆积在桥上的,一个交叉路口塞满尸体,堵住了整整一条街。我看到了姿态各异的尸体。①

黑泽明本能地想转身并闭上眼睛,他哥哥抓住他的胳膊说,"小明,你现在好好看着!如果面对这样的恐怖景象闭上眼睛,那么你就会永远感到恐惧。如果敢于直视一切,你就无所畏惧。"②

黑泽明从少年时期直到20岁出头都对哥哥丙午非常崇拜。关东大地震后的几年,黑泽明记述了他怎样变得调皮的往事。他的哥哥,"一位才华横溢的学生",报考日本一所著名中学失败,导致他进入东京帝国大学、而后成为公务员的理想落空。③每个哥哥都抗拒走父亲已经规划好的路,一想到父亲"极其严格"的态度,这也真是令人佩服。④在对父亲的尊敬和排斥之中,黑泽明开始探索绘画和文学之路。丙午作为默片解说人曾经名噪一时,为电影默片解说,在当时的日本,这是很重要的工作。黑泽明沉浸在艺术中,为了吸收西方和日本绘画的精髓,他流连于各个艺术馆中,购买艺术书籍和专论,如果这样的材料买不到,他就"一遍又一遍地阅读,直至印到自己的脑子

---

① 黑泽明:《蛤蟆的油》,第52页。
② 同上,第54页。
③ 同上,第16页。
④ 同上,第35页。

里"。① 他似乎没注意到家里越来越拮据——一段时间里频繁地搬家,表明经济情况每况愈下——黑泽明需要花钱买油画布和颜料,到后来,不得不放弃风景画之类的油画,周围的社会风潮也让他无法专心作画。

日本20世纪初的经济增长趋势,被20世纪20年代疯狂的通货膨胀和不稳定的经济状况破坏,黑泽明早年曾给学校的杂志写稿显示出他的才华,现在则在一些日益激进的杂志上发表文章,更加显示出过人的写作才能,就如同电影《我于青春无悔》中的野毛那样——虽然他们的结局不同(黑泽明说他有好几次险些被捕,这和野毛完全不同,野毛被关进监狱,最后被处死)。黑泽明投身政治,受到了当时日本逐步军国化和一些事件的影响。② 20世纪20年代末席卷全球的经济大萧条,用黑泽明的话说,"横扫日本,动摇了日本的经济基础","无产者组织四处涌现",他参加了无产者美术同盟,在1929—1932年间,义无反顾地投身到政治运动中去了。

不过,他的狂热并没有持续太久,对无产者组织渐渐失望,也对绘画艺术事业逐渐失去热情。据说哥哥丙午因为有声电影的出现,电影解说员的事业将结束而悲愤,于是他与女友双双自杀。③ 他是如何自杀的,仍然是个谜,"人们普遍认为他是割伤手腕和割喉自杀,大约40年后黑泽明也选择了这种方式试图自杀"。④ 在1933—1935年,黑泽明感到非常迷茫,他对自己充满怀疑,对前途感到困惑,

---

① 黑泽明:《蛤蟆的油》,第72页。
② 同上,第71页。
③ 同上。
④ 斯图尔特·加尔布雷思:《天皇和狼:黑泽明与三船敏郎的生活和电影》,第19页。

并且还陷入深深的悲痛之中：先是二哥丙午自杀，后来大哥也病故，留下他成为父母唯一的儿子。父亲告诉他不要着急，"人生的路会自然打开的"。⑤后来，1935年末的一则广告可以说改变了他的一生。

照相化学研究所（PCL）⑥成立于6年前，起初为大电影公司提供服务，后来随着电影观众的增加，PCL开始自己制作电影，最初只拍摄自己投资人的电影，1933—1935年产量逐年翻番。

PCL登广告招副导演，黑泽明参加了这个多达500人的面试，制片厂的院子里挤满了人。"我涉猎了绘画、文学、戏剧、音乐和其他的艺术形式，把它们变成了电影艺术，都塞到脑子里，"黑泽明这样写道，"实际上，我从未意识到电影可以把所有学到的东西都用上。"⑦

1935—1942年，黑泽明参与制作了12部电影，他的整个电影事业设定了这样的模式：长时间工作，无视自己的小家，专心制作、全身心投入。很多的早期作品都是与被他视为导师的导演山本嘉次郎合作完成的，山本嘉次郎逐渐把黑泽明看成"另一个自己"。⑧正是在山本的领导下，黑泽明"了解了制作电影所涉及的每个部门的工作"：

> 我们得帮忙洗、印胶片，也曾在腰上披条装满钉子的口袋，把锤子和水平仪别在皮带上，也当过编剧和剪辑，甚至还给演员

---

⑤ 黑泽明：《蛤蟆的油》，第89页。
⑥ PCL：原东宝株式会社的前身——译注
⑦ 黑泽明：《蛤蟆的油》，第90页。
⑧ 斯图尔特·加尔布雷思：《天皇和狼：黑泽明与三船敏郎的生活和电影》，第35页。

当替身，出外景时当会计。①

这些训练让黑泽明深刻体会了怎样才能成长为一名导演，"如果你不通晓电影制作的每个方面和步骤，你不可能成为电影导演。"他写道。②

从《处女花的天堂》开始，他觉得当副导演的工作很无聊，甚至想退出，但是却被同事们劝阻，他们"极力促使我改变主意"——坚持到拍摄《马》——此片于1986年在美国上映时，《乡村之声报》称之为"新现实主义儿童电影，集《大地在波动》和《玉女神驹》两部电影于一体"③——黑泽明从第三副导演提升至第一副导演，担负B班导演、剪辑和配音等工作，他好像在"用一口气艰难地、飞快地攀爬陡峭的高山"。④黑泽明那时月薪仅28日元，他希望通过写剧本多挣点钱，并很快从中获得了一个重要的经验。与他同时担任副导演的谷口千吉说："黑泽明过去经常说剧本最重要，它决定了电影的成败。"⑤虽然那时写的很多剧本至今也没有拍成电影，不过大多数都发表在电影杂志上或者获了奖，黑泽明在电影界渐渐有了名气。

从《马》开始，预示了日本军事审查制度给黑泽明造成了真正的困难。《马》这部电影中有平民白天饮酒的场景，而《达摩寺里的德国人》（黑泽明写的有关德国建筑师布鲁诺·陶特的剧本）里有射杀

---

① 黑泽明：《蛤蟆的油》，第95页。
② 同上。
③ 斯图尔特·加尔布雷思：《天皇和狼：黑泽明与三船敏郎的生活和电影》，第36页。
④ 同上，第26页。
⑤ 斯图尔特·加尔布雷思：《天皇和狼：黑泽明与三船敏郎的生活和电影》，第30页。

一个哭泣的婴儿的镜头,电影为此一次次被审查,而这些镜头在黑泽明看来,对情节的发展都是非常重要的。他写道:

> 那个时候,内务省的审查官好像都神经错乱了一般,他们的行为就像是得了被害狂想症、虐待狂症和各种性躁狂症。[1]

此外,即使是审查官们表示电影通过了审查,可以开拍了,外部环境还会带来一些障碍。例如,他已经得到了许可,拍摄一部关于日俄战争的电影——《敌中横断三百里》,PCL——这时已经改称为东宝公司[2]——由于第二次世界大战,资金短缺严重,拍这部电影的资金不足,最后计划搁浅。不过,这并不意味着他的剧本就不成功。1940—1942年,黑泽明写了20多部剧本,有些被其他电影公司搬上了银幕,然而他本人一直到1942年才得到许可,能够独立执导电影。

---

[1] 黑泽明:《蛤蟆的油》,第118页。
[2] 东宝株式会社:全称"东京宝冢映画株式会社",日本电影制片企业。以下简称"东宝"。

第二章
1943—1947 年：早期作品

　　　　　在这天佑神助的大风中拼命地工作。①

　　黑泽明第一次真正尝试做导演是从等待一本书出版开始的。这本书他甚至还没有好好读过，就断定它是拍电影的好素材。书才出版，就有几个制片厂准备要购买版权了，显然这是本值得投入的好书。《姿三四郎》讲述了一位柔道天才的故事，据说是根据日本柔道史上被授予黑带的第一人——西乡四郎和作者富田常雄的父亲富田常次郎的故事而创作的。黑泽明或许是受到了另外一本类似的畅销书《宫本武藏》的鼓舞而产生了拍摄此片的热情。尽管西方观众对于故事的各种元素感到陌生，例如"传统"柔术和"新"柔道的矛盾，但是黑泽明作为一名富有天赋、充满创造力的导演，在《姿三四郎》一片中从多个方面展现出了他的才华。

　　电影开头的字幕告诉观众，这个故事发生在 1882 年，日本的明治时期。当时的日本正处在从延续了 700 多年的、封闭的封建社会向

---

① 题记来自黑泽明的传记《蛤蟆的油》，纽约，1983，第 128 页。

开放的现代化国家转变时期,预示着随后大正时期所代表的民主化转变(但其后被强硬的军国主义昭和时期所取代,《姿三四郎》就是在这个时期上映的)。新旧时代的转变对于理解片中由藤田进饰演的主人公姿三四郎(这也是藤田进首次担任电影主角)至关重要。姿三四郎想在一个柔术门派获得一席之地的同时也发现了自我。这个门派极力责难和诋毁柔术的新门派柔道,他们计划伏击深夜途经这个地区的柔道师父矢野正五郎(由当时日本著名影星大河内传次郎饰演,他的片酬要比藤田进高很多)。镜头切到一个废弃的码头,矢野正五郎一言不发地把对手一个个解决掉,使用过肩摔把他们摔到污水中。水温显然非常低,每个演员完成拍摄后,必须赶快回到摄制组所在的宾馆里取暖。① 打斗到最后,姿三四郎双膝跪下拜矢野为师。

我们看到姿三四郎来到一个乡村集会上,用高超、娴熟的柔道术打败一个个对手,看起来很威风。师父矢野正五郎却认为这是让柔道蒙羞,他说教一个街头混混柔道,就如同"给疯子一把刀"。黑泽明把原著中姿三四郎在师父房间里的动作改为跳入房间外的莲花池,这是一段姿三四郎反省自己、理解柔道真谛和领悟为人之道的心路历程。这个教训和他在追求柔道真谛过程中得到的其他收获一样,虽有点让人好奇,但确实是反映了那个时代的特征。例如,他对一位纯洁的姑娘产生了好感,却发现她的父亲是自己决斗的对手,他产生了动摇。但他不得不抑制住自己的情感,全力保持心无旁骛的状态,以便赢得决战。正如唐纳德•里奇解释的那样,"黑泽明的

---

① 斯图尔特•加尔布雷思:《天皇和狼:黑泽明与三船敏郎的生活和电影》,伦敦,2002,第43页。

在电影《姿三四郎》中,姿三四郎悟道,重新认识自己的场景

英雄们都具有百折不挠、愈挫愈勇的鲜明特点。"① 电影的高潮是姿三四郎与邪恶对手桧垣源之助（月形龙之介饰演，影评界批评他表演过头，黑泽明为他辩护说是导演要求他这么做的）在大风劲吹的荒野上决斗的场面，这是黑泽明的最佳动作戏之一，外景地选在了位于箱根的仙石原平原。虽然关于黑泽明对桧垣源之助的态度观点不一（里奇认为桧垣源之助有着"明治时期日本花花公子的印记"，然而美国影评家斯图尔特·加尔布雷思认为他"衣着和行事风格完全是西式的"②），但是黑泽明的用意却是非常明显：他并不关心姿三四郎和谁、为何决斗，他关注的是这些决斗给姿三四郎的内心带来什么影响。

从叙事角度来看，正是那些细致入微的情节成就了这部电影。比如，用莲花的象征意义处理电影中多个重要场景：姿三四郎跳到莲花池里过了一个晚上，黎明时看到莲花而参悟得道；与他相对的则是桧垣源之助把烟灰弹到花朵上，用里奇的话说，姿三四郎"对万物敬畏……在静寂中发现了力量。"③ 观众们也可以从姿三四郎与桧垣源之助那场决斗的高潮前所唱的歌中，体会莲花和竹子的象征意义。与此类似，木屐在帮助观众理解姿三四郎内心的忠诚时，也起到重要作用。电影开头，当姿三四郎看到柔道大师矢野正五郎把几个对手扔到水里时，他扔掉木屐，拉起人力车，在日本这表示"把自己交给某人"，显示其拜师的决心。后来，在姿三四郎追求甜

---

① 唐纳德·里奇（Donald Richie）：《黑泽明的电影》（The Film of Akira Kurosawa，加利福尼亚，伯克利，1965，第 18 页。
② 同上；斯图尔特·加尔布雷思：《天皇和狼：黑泽明与三船敏郎的生活和电影》，第 44 页。
③ 唐纳德·里奇：《黑泽明的电影》，第 18 页。

在电影《姿三四郎》中,具有象征意义的莲花

美纯真爱情的戏中,他帮助心爱的姑娘修补木屐,木屐预示着有情人终成眷属。从拍摄技术的角度来看,每个"木屐场景"都非常高超、娴熟地运用了蒙太奇手法,来让人们感受到时间的流逝。

毋庸置疑,黑泽明娴熟地使用各种摄影技术,有力地证明了他是一位前途无量的导演。类似于《七武士》中拍摄柔术高手们打斗场景时混合运用了快速剪辑和慢动作技术,姿三四郎看着一卷和服布匹而顿悟的一场戏,也体现了精湛技术和高超叙事技巧的完美结合,这些表现形式让黑泽明的作品一直富有生命力,并影响着当今的众多导演。严格意义上讲,黑泽明并不是特别喜欢使用闪回技法,一卷和服布料的镜头把观众带到姿三四郎心仪的姑娘面前,随后又聚焦在那个姑娘收到的、对手送来的同样图案的和服布料上,这预示了电影最后的高潮:风起云涌,两个男人在荒原决斗。这部电影充分展示了新晋导演黑泽明杰出的拍摄技术,例如"划",在美国电影的拍摄中已经开始使用,但在黑泽明的手中则发挥着标点符号式作用,用于代替诸如淡入、淡出和渐隐等电影转换技法。他像画家一样追求细节完美,"开始时我们用布景制造了荒草丛生的原野,计划用大马力吹风机吹风,"他写道,但是黑泽明对效果不满意,决定用外景,等了三天,终于等到大风吹来,摄制组和演员飞奔着去完成这些场景,"在这天佑神助的大风中拼命地工作"。[①]

《姿三四郎》的现存版本和1943年版并不完全相同。尽管我们相信电影的大部分镜头都保留下来了,但还有17分钟的原始底片在战

---

① 黑泽明:《蛤蟆的油》,第128页。

争中遗失,剩余部分由东宝在 1954 年合成在一起,并在影院放映,遗失部分的剧情用字幕串联说明。随后的几年里,又有 11 分钟的原始底片被发现,并作为附加部分放在了发行的大部分电影 DVD 中。我们都知道这部电影在日本的票房获得巨大成功,并赢得影评界的好评,不过,军部的审查官却是心怀偏见,可笑地提出反对,说电影是模仿"英美"的。尽管如此,该部电影还是获得了"国家激励奖""山中贞雄奖"以及《电影评论》杂志"年度优秀作品奖"第二名。①

来自军部审查官的批评,可能影响了黑泽明拍摄的第二部作品《最美》的主题取向。此前有一位来自海军情报部门的、对黑泽明着迷的军官请他拍摄一部有关零式战斗机的电影,美军曾对零式战斗机谈之色变,称之为"黑怪物",后来拍摄计划落空,作为弥补就有了《最美》这部电影。电影描绘了一群姑娘于战争期间,在一家为战斗机生产镜片的光学工厂工作的故事,用电影史学家彼得·考伊的话说,是"厚颜无耻的宣传",却以一种独到的眼光同时又符合战时意识形态需要的方式表现出来,反而削弱了宣传的意味。②《最美》的片名指向了矢口阳子饰演的女主角——女队长,故事围绕她展开。在拍摄过程中,矢口阳子是演员代表,给黑泽明留下了非常深刻的印象,电影刚刚拍摄完成他们就结婚了(或许这就是黑泽明为什么说"《最美》并不是我最主要的作品,却是我最心爱的作品"的原因)。③女队长全身心投入工作中,她甚至认为完成工作比看望病危的母亲更重要。贯

---

① 斯图尔特·加尔布雷思:《天皇和狼:黑泽明与三船敏郎的生活和电影》,第 44 页。
② 彼得·考伊:《黑泽明:电影大师》,纽约,2010,第 54 页。
③ 黑泽明:《蛤蟆的油》,第 135 页。

穿电影的为国奉献精神还体现在一些小角色身上：一个小姑娘腿断了还在坚持工作；另外一个姑娘由于担心被送回家而隐瞒自己发烧，这些都迎合了当局要求的、每个人都应当为国家牺牲小我的精神。

黑泽明决定用纪录片的方式拍摄《最美》。这一点从电影的开头就能看出来：一群女工正在听生产主任讲话（由39岁的志村乔饰演，此后他一直与黑泽明合作，出演了黑泽明30部电影中的21部，甚至比黑泽明的御用演员三船敏郎还多）。为了拍成纪录片，黑泽明身兼导演和摄影工作。

> 我先着手把女演员们身上、神情上所有的表演味儿除掉，脂粉气、势利眼习气、舞台上的矫饰气以及演员特有的自我卖弄等习气都通通去除掉。我想让她们恢复普通少女们自然的样子。①

黑泽明还让演员们到位于平塚的日本光学工厂里生活，学习使用工厂的设备。② 从此以后，黑泽明在他的导演生涯中形成了一个惯例：电影开拍前和拍摄期间都会和摄制组全体人员住在片场，用电影中角色的名字称呼演员，演员经常带妆并穿着戏服。

从许多方面来讲，《最美》最好是从技术角度去欣赏，不过美国影评家史蒂芬·普林斯不太认同这一点，他认为此片：

> 摄像机大多数时间是不动的，避免极端的角度，剪辑也缺少

---

① 黑泽明：《蛤蟆的油》，第132页。
② 斯图尔特·加尔布雷思：《天皇和狼：黑泽明与三船敏郎的生活和电影》，第47页。

《姿三四郎》一片中常见的角度切换和镜头的快速过渡。①

即便如此,片中有几处快速镜头的处理方式预示了他在技术上的跳跃,这符合了黑泽明的"产生小小爆炸的效果"的名声。②例如"闪回"的运用:女队长被指责偏袒,有几个画面闪过证明她具有真正的奉献精神。这些速度极快的快闪镜头非常简洁地向我们说明,黑泽明想让过去成为对话的形式。黑泽明在《生之欲》《罗生门》《热血街区》和《红胡子》(频率稍低)中都使用了这一技术,并每次都加以完善。

《最美》一片还表明,导演希望观众产生疑问,并让他们自己找到答案。我们看到女队长躺在床上,看起来很忧伤。画面滑到女工军乐队列队行进的镜头,接着一个淡出,这场戏结束了。里奇写到了这一幕,"在此处出现军乐队行进的画面,尽管做不出合乎逻辑的解释,但却有好多非理性的原因。"③军乐队行进的镜头强化了女队长的独立和孤单,黑泽明决意要强调生活是艰难的,个体的苦痛不能削弱为国胜利而进行的战斗。更为有趣的还有这个快闪的镜头,让我们产生了互相对立的想法,并围绕着音效对位创设了很多场景——对立的各种元素却取得了一个特别的效果,就像后来在电影《泥醉天使》中达到的效果一样。

黑泽明的第三部电影《姿三四郎2》,是一部"重温"最初创作

---

① 史蒂芬·普林斯(Stephen Prince):《武士的镜头:黑泽明的电影》(*The Warrior's Camera:The Cinema of Akira Kurosawa*),新泽西,普林斯顿,1991,第55页。
② 同上。
③ 唐纳德·里奇:《黑泽明的电影》,第27页。

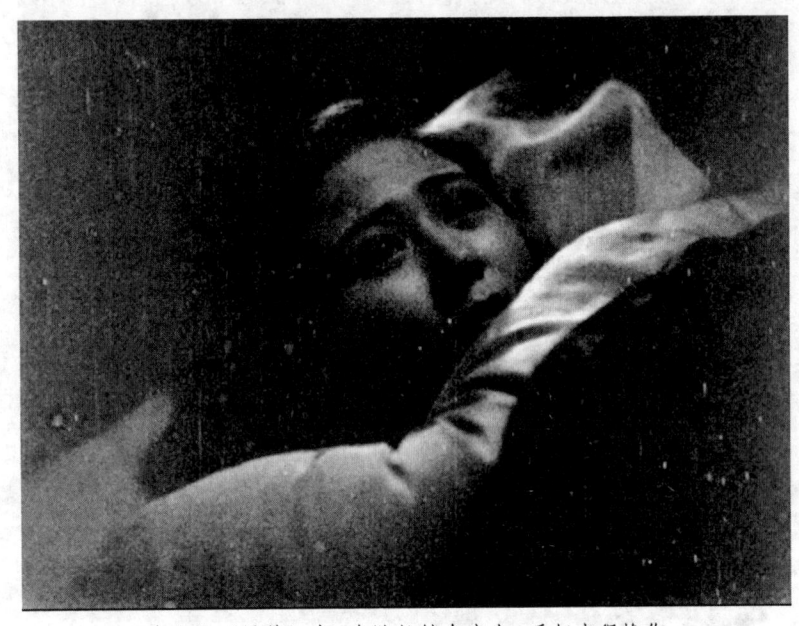

在电影《最美》中,女队长躺在床上,看起来很忧伤

在电影中,画面滑到女工军乐队列队行进的镜头,接着一个淡出,这场戏就结束了

热情的电影,既不是续集,也不是重新制作。"因为《姿三四郎》太成功了,"黑泽明写道:

> 商业主义的缺点之一:生产娱乐电影的日本电影公司似乎连"守株待兔"这样的成语都没有听说过。①

许多评论员——包括唐纳德·里奇,认为这部电影会让人觉得"《姿三四郎2》或许是一位平庸导演之作"。②吉本光弘把它称为"艺术上最不成功、但宣传上最用力"的作品③——认为那是黑泽明拍摄的最糟糕的电影。当然《姿三四郎2》也不是一点优点也没有,像《用心棒》的续集《椿三十郎》一样,《姿三四郎2》显然也不能与第一部作品媲美,不过对作品的理性评价除了考虑电影自身外,也需要结合外部因素。

电影发生在1887年(在第一部电影的故事发生5年之后),我们在开场戏里看到了黑泽明的激情,也看到了当他的想象力之火黯淡无光时,电影是多么平淡、乏味。姿三四郎遇到一个美国大兵(塔克·奥斯曼·优素福饰演)正在殴打一个黄包车夫,他上前帮助车夫,而后是一场打斗戏,在一面墙前开始,当"美国佬"被扔到了海里时,打斗戏达到了高潮。黑泽明把摄像机正对着动作戏背景墙进行了拍摄,"不同寻常的正面拍摄压缩了角色与观众之间的距离(观众感觉

---

① 黑泽明:《蛤蟆的油》,第135页。
② 唐纳德·里奇:《黑泽明的电影》,第24页。
③ 吉本光弘(Mitsuhiro Yoshimoto):《黑泽明:电影研究和日本电影》(*Kurosawa: Film Studies and Japanese Cinema*),北卡罗来纳,达勒姆,2000,(Durham, NC),第89页。

身临其境），后来这种拍动作戏的技法到20世纪50年代发展成为他对空间极其熟练把控的拍摄风格"。① 另一方面，码头戏是对"前一部作品中码头戏的拙劣模仿，用中镜头和长镜头拍成，非常乏味"。② 随后，姿三四郎被美国使馆的翻译带去看了一场美国拳师与衣着破旧的日本柔术师的奇异比赛。翻译提议，让他用传奇的柔道术与美国的拳术进行较量。看到那些抽着雪茄的外国观众，听到柔术师指责他应该为柔术师与拳师的比赛负部分责任，姿三四郎觉得厌恶，拒绝了比赛的提议。前一部电影的线索穿插其中：他爱慕的女孩的父亲已经去世，虽然这不是他的错，但他依然心存愧疚。同样的，他的老对手桧垣源之助已经卧床不起，让他的两个弟弟铁心和源三郎（河野秋武饰演，他也是前一部电影的反派武士之一）去挑战姿三四郎。姿三四郎回到了拳击场，他又赢了，就像是他在大雪里战胜那两个反派武士兄弟一样——第一部电影在狂风劲吹的荒野决斗后结束，续集则是在暴雪肆虐的大山里决斗后结束。从这些方面看，《姿三四郎2》就是一部传统的电影。

对于一些观察更仔细的观众来说，可以看到一些预示情节的小细节。例如，桧垣源三郎对于现代的观众来说有点不太寻常，他疯疯癫癫、四处挥舞着代表疯子的竹枝，不过这是从日本能剧模仿来的情节，能剧元素还深刻地影响了黑泽明的代表作《蜘蛛巢城》。《姿三四郎2》能让黑泽明产生兴趣的原因之一，就是源三郎这个角色。他写

---

① 史蒂芬·普林斯：《武士的镜头：黑泽明的电影》，第56页。
② 唐纳德·里奇：《黑泽明的电影》，第24页。

道:"我在源三郎的服饰和化妆上花费了很大的精力。"① 他的服装的效果太好了,甚至在拍摄地发哺把一群滑雪爱好者都给吓了一大跳:

> 突然间,他们都呆住了,抬头盯着前面的路,很快他们又猛地调转回头,飞快地滑到山下。这也难怪,在人迹罕至的大山里,如果突然见到像源三郎那样打扮的人向你走来,你也会落荒而逃的。②

就像人们所期待的一样,这部电影尝试使用了很多电影技术。它运用了"那个时代的日本电影常用的,而黑泽明很少用的瞬间溶解方式",还有奇特的、假的定格镜头。例如,在第二场拳击比赛结束的场景中,黑泽明让所有的演员站着不动,屏住气,但是并没有产生多好的效果(然而,里奇觉得在切换镜头中插入定格镜头,这种效果"非常棒")。③ 拍摄姿三四郎面对这两兄弟时,使用了三个一组的中镜头,"安排成三角形,每次剪切都会引起顶点和两边位置上的人物变化",这种拍摄方法为以后黑泽明拍摄《罗生门》中的强盗、武士和贵妇三个角色进行了预演。④《姿三四郎2》还首次采用了轴向切,后来黑泽明在《七武士》中继续使用了这个方法,用于表现毁灭性效果。

轴向切是跳切的一种,摄像机移动、靠近或者离开拍摄对象,保

---

① 黑泽明:《蛤蟆的油》,第136页。
② 同上。
③ 斯图尔特·加尔布雷思:《天皇和狼:黑泽明与三船敏郎的生活和电影》,第25页。
④ 史蒂芬·普林斯:《武士的镜头:黑泽明的电影》,第56页。

在电影《姿三四郎2》中第一次应用了轴向切技术的画面效果

持连续的影像。在表现姿三四郎离开他心爱的女孩时,使用了轴向切,他每次转身、鞠躬都有一次剪切,用于加强表现姿三四郎转身离开的时间长度。

在黑泽明忙着导演《姿三四郎2》时,战争还在继续,有关这部电影的其他方面也未能引起注意,很快电影就淡出了人们的视线。1943年3月至12月期间,为了与美军抗衡,日本不得不从朝鲜和中国战场抽调100 000名士兵,以加强在拉布尔、新几内亚和西所罗门群岛的兵力,进行了俾斯麦海之战(由日军令人恐惧的零式战斗机群提供空中掩护)、塔拉瓦环礁之战,伤亡惨重——甚至连日本海军司令山本五十六也战死。① 战争,特别是像第二次世界大战这样大规模的战争,对物资的需求导致日本国内经济状况急剧下滑,黑泽明、底片剪辑师和场记不得不使用旧胶片,而且在剪辑时还经常断电。因此,姿三四郎和铁心的打斗场景就像一场剪影动画,几个影像在白幕布前做出各种动作。盟军对日本的轰炸也让电影工业千疮百孔。《姿三四郎2》是日本投降前东宝发行的仅有的五部电影之一,由于过半的电影院已经毁于空袭,发行电影非常困难。

由于父亲的相当大的影响力,黑泽明并没有被征兵入伍,直至战败前不久才被叫去点到(1930年黑泽明曾经收到征兵令并进行体检,一位军官询问了黑泽父亲的身体状况后说,"还有其他方式可以效忠国家,好好干吧!"②)。在最后关于入伍这件事上,黑泽明写

---

① 安东尼·比佛(Anthony Beevor):《第二次世界大战》伦敦,2012,第459—468页。
② 黑泽明:《蛤蟆的油》,第75页。

道:"东京已经被烧成了一片废墟。"① 站在一个房间里,周围都是身体残疾或者有精神疾病的人,黑泽明顺利通过了一次点名。点名最后被空袭警报打断,盟军对横滨实施又一轮狂轰滥炸。"黑泽明与兵役的联系到此为止"。②

他的小家经济拮据,黑泽明的新婚妻子显然没有料到在东宝做导演的丈夫工资如此之低。例如,拍摄《最美》时,黑泽明只拿平均工资,比作主演的妻子工资低很多。这样,他写剧本有部分原因是为了多挣些钱。多挣点钱的想法还遇到了诸多挑战,特别是做电影导演,就像第二次世界大战末期的日本其他产业一样,需要签订苛刻的合同。黑泽明雄心勃勃地要导演一部电影《举起的矛》,但是电影预算太大,战时的日本物资又是如此短缺,公司拒绝拍摄。最后一场戏是想重现桶狭间之战,这是1560年封建大名织田信长战胜北方大名的战斗。这场戏需要很多马匹,但是却只找到了几匹"老掉牙的、病怏怏的马"。③(不过多年以后,他以这个故事为基础拍摄了《影子武士》。)此外,因为到山形县去考察地点和马匹,他顺便去看望了战争初期被疏散到乡下的家人,那时《姿三四郎》还没有拍摄。后来黑泽明的父亲看过《姿三四郎》后不久就去世了,甚至还未来得及看看儿子拍的其他电影,没有见到儿媳,也没有来得及等到孙子出生就离开了人世。

走投无路之际,黑泽明振作起来去拍摄了《踩虎尾的男人》,这

---

① 黑泽明:《蛤蟆的油》,第75页。
② 同上。
③ 同上,第140页。

是他早期电影中的最佳之作。在其电影生涯中，他总能在逆境中峰回路转。黑泽明许诺3天之内写好剧本，并且拍摄只用一个布景（所有的外景只需要使用东宝后面的皇室树林就可以）。尽管资金不足，《踩虎尾的男人》却取得了"令人瞩目的成功"。①

电影取材于著名的歌舞伎剧《化缘簿》(《化缘簿》早在100多年前的1840年就被搬上了舞台，最早源于能乐剧作家观世信光于1465年创作的能乐《安宅关》)，它讲述了12世纪的一位贵族义经，为了逃脱哥哥的追杀和几个亲信化装成和尚逃亡的故事。为了逃生，他们必须通过哥哥的士兵把守的安宅关口，同行的脚夫告诉他们，和尚的伪装已经暴露，士兵正在盘查。59分钟的电影讲述了义经的亲信弁庆被迫想方设法让士兵相信他们的身份的那令人胆战心惊的过程。弁庆［岩井半四郎（本名仁科周芳）饰演］和士兵长富樫（由出演《姿三四郎》的藤田进饰演）之间的紧张冲突是黑泽明最关注的部分。富樫认出弁庆和其他人的真正身份了吗？用里奇的话说，尽管有激烈的争论，但"如何在歌舞伎戏中表现富樫，黑泽明胸有成竹。"② 他还说：

> 歌舞伎，之所以是歌舞伎，是因为它通常牺牲人物的心理活动而去追求封建忠君思想……黑泽明，之所以是黑泽明，在于他只关注富樫和弁庆的心理活动。③

---

① 斯图尔特·加尔布雷思：《天皇和狼：黑泽明与三船敏郎的生活和电影》，第59页。
② 唐纳德·里奇：《黑泽明的电影》，第32页。
③ 同上。

黑泽明没有依赖人物的对话，而是靠大河内传次郎和藤田进的有力表演传达出情节的紧张感。

在《踩虎尾的男人》中，各种特色表现技法也被黑泽明应用在之后的多部电影里。在电影的饮酒和歌舞高潮部分里，里奇认为"总体来讲，所有演员的表演都非常成功，直到《低下层》一片，黑泽明才再一次创造出类似的效果"。①原版《踩虎尾的男人》历史故事中，义经最终被抓并斩首，首级被献给了他的哥哥。英雄主义最终落幕，这种追求最终在普林斯称为"探索难以捉摸又充满矛盾的荣誉"的《七武士》一片中达到顶峰。②黑泽明加了一个脚夫的新角色并由其好友、日本当时非常有名的喜剧演员榎本建一饰演。脚夫这个角色让电影与传统的歌舞伎截然不同，黑泽明赋予了他配合表演和对比的作用。有时候，特别是电影开始时，他在皇家树林又蹦又跳，让义经的亲信们大为光火，我们似乎看到了三船敏郎在《罗生门》里饰演的多襄丸的影子。可更有趣的是，脚夫的角色增加了电影的喜剧元素，这与《麦克白》一剧中的脚夫作用相似，《麦克白》后来被黑泽明改编成了令人惊悚的《蜘蛛巢城》，令人不解的是，《蜘蛛巢城》在后期制作时，黑泽明却剪掉了这个角色。不幸的是，《踩虎尾的男人》插入的这个脚夫角色导致了此片被禁3年，那些曾经反对过《姿三四郎》的审查官们认为脚夫角色是对传统歌舞伎的"嘲弄"。③禁令实际上是美

---

① 唐纳德·里奇：《黑泽明的电影》，第33页。
② 史蒂芬·普林斯：《武士的镜头：黑泽明的电影》，第58页。
③ 黑泽明：《蛤蟆的油》，第143页。

国占领军发出的,他们认为"电影涉嫌'颂扬封建主义'"。①

拍摄期间,确切地说是1945年8月15日,黑泽明被叫到制片厂去聆听由日本天皇裕仁发表的首次广播讲话。这次讲话发表于美军在广岛和长崎投下两颗原子弹之后,爆炸的惨状黑泽明在《活人的记录》和《八月狂想曲》两部电影中都有表现。在美军投放原子弹的同时,苏联也决定撕毁《苏日中立条约》对日本宣战,出兵伪满洲国(中国东北)。很快,日军在蒙古、朝鲜、库页岛和苏林群岛的据点被攻克。在第二次世界大战期间,日本平民曾被警告说如果战败就会有1亿人自杀的"玉碎"行动。那天,黑泽明走在去制片厂的路上,他回忆:看到"店主们从刀鞘里抽出日本刀,坐在那里目不转睛地盯着刀"。② 在诏书中,天皇要求人们放下刀。当黑泽明从制片厂回家时,他看到气氛完全变了,"街上的人们在忙碌着,脸上洋溢着笑容,好像在为第二天的节日做准备似的"。③ 或许有点令人吃惊,东宝拍摄工作还是照旧,第二天《踩虎尾的男人》继续拍摄。当时很多日本人死于饥饿,摄制组和演员们也是忍饥挨饿、痛苦难捱,黑泽明承认"因为实在是太饿了,(合唱时)谁也没办法大声去唱"。④

拍摄后期美军士兵和其他要员经常到片场参观,其中包括了黑泽明崇拜的偶像——导演约翰·福特,但是当时黑泽明并不知道他来过。两位导演之间有很多共同点,黑泽明华丽的风格——从每个镜头的审慎和构思与福特气势磅礴的动作系列相得益彰——还有其

---

① 斯图尔特·加尔布雷思:《天皇和狼:黑泽明与三船敏郎的生活和电影》,第63页。
② 黑泽明:《蛤蟆的油》,第145页。
③ 同上。
④ 斯图尔特·加尔布雷思:《天皇和狼:黑泽明与三船敏郎的生活和电影》,第57页。

他的相似点，例如两人都在各自的电影中有一班御用演员；两人都喜欢大气魄的故事、历史剧和表现时代的变迁。他们对火车的兴趣便是最好的证明——福特大获成功的早期电影之一《铁骑》是拍摄于1924年的默片（黑泽明和他的哥哥丙午可能一起看过），表现的是修筑美国横贯东西的大铁路的场景，细节表现得非常细腻、优美。多年以后，黑泽明在类似的电影《暴走列车》一片中也一试身手，但是不太成功。

1946年初，黑泽明一边写短剧《谈话》，一边参与一部混合剧《四个爱情故事》的拍摄，他还与其他导演合作了另外一部电影《创造明天的人们》，据说和《最美》的风格类似，不过只是在日本短期上映，还从未在西方国家上映过。电影讲述了有关一个与东宝类似的制片厂，还有一些像藤田进这样的演员的故事，故事围绕着解雇一名做场记的年轻姑娘以及她的同事参加的工会活动展开——一群罢工者高唱支持工会的歌曲的场景是电影的高潮。多年后，黑泽明谈起这部电影时说："这是应工会要求拍摄的，算是此类乏味电影的典型。"即便如此，他也是称职的，"我觉得在一周之内能拍完这样的电影也不能算太糟糕。"①不过，他否认了这是自己的作品，也没有把它归入自己的作品集中，在自传里也没有提及拍摄此片的情况。《创造明天的人们》的电影剧本连同一部广播剧和一部叫作《棺桶丸号船上的人们》的电影剧本（黑泽明原计划在1951年拍摄）在2011年被收入了他的档案中。

---

① 斯图尔特·加尔布雷思：《天皇和狼：黑泽明与三船敏郎的生活和电影》，第66—67页。

黑泽明的下一部电影《我于青春无悔》拍摄于东宝的两次工潮之间，工潮动摇了东宝的基础，播下了黑泽明对东宝公司不满的种子，最终导致他在20世纪50年代早期从制片厂离职。《我于青春无悔》取材于20世纪30年代的一位追求自由的大学教授遭受迫害以及他的学生在1944年被冤屈、处决的事件。不幸的是，他与久板荣二郎合作写成的原始剧本被东宝第一次工潮后成立的剧本审议会否决了，他们认为这个剧本与正在拍摄的另一个剧本太相似了，要求黑泽明重写。出人意料的是，正是在这个修改部分，黑泽明承认他"倾注了近乎疯狂的热情……把对剧本审议会的怒火都发泄到最后的这些画面上了"，对于那些不太了解故事背景或者当时整个日本的社会情绪的现代观众来说，最后的修改部分能帮助他们更好地欣赏此片。[①]

《我于青春无悔》围绕着原节子饰演的幸枝展开，是一部尖锐的爱情电影。这是主演原节子早期的成功作品，此后她在小津安二郎导演的多部著名电影中饰演角色，被全日本影迷视若珍宝。幸枝的父亲八木原教授被大学解聘，一群学生开展了抗议活动，其中丝川和野毛（分别由藤田进和河野秋武饰演）两人观点不同。丝川比较胆小，希望自己以后能在政府中谋得职位；野毛则是敢想敢为、充满政治激情，愿意为社会变革战斗。电影开始的场景中，幸枝给观众的印象是任性、倔强，在插花课上她把花扯碎对母亲宣布自己要结婚，一会儿又矢口否认。到东京后，她与野毛走得越来越近，做了他的秘书后来又嫁给了他，野毛则继续地下工作，抨击政府，丝川成为一名检察官。

---

① 黑泽明：《蛤蟆的油》，第149页。

野毛被捕以后,《我于青春无悔》才真正地进入了它的主题:幸枝被关入监狱,遭受长时间的审讯,她都咬牙坚持下来,但是野毛被处决了。和父母短暂相聚后,她决定到乡下去探望野毛的父母,看看能否为他们做点什么。熬过了疾病、忍受着邻居们辱骂他们一家是间谍并攻击她,她都坚持住了,她最终获得了智慧的力量。

有些人认为《我于青春无悔》是"最不黑泽明"的作品(加尔布雷斯称之为"一个混合袋子"①),但是这部电影的杰出有几个原因,特别是它建立在黑泽明的作品一贯风格的基础上:比起电影的内容,他更关注电影开启的戏剧化可能。里奇解释:"黑泽明的兴趣完全在于看一个人的反应,在于新情况下这个人如何做或不做。"②像幸枝这样的一个能够演奏穆索斯基钢琴曲的女孩,是怎样成为一名把脚浸在稻田泥地里的农妇,这是黑泽明极力想要发掘的。虽然此片缺少在其他电影里展示出的非凡技术,如同普拉斯所说,"电影缺乏他的最好作品所能爆发出的力度",但是由于原节子对于人物非凡领悟力的表演,使得幸枝成为黑泽明电影中为数不多的、真正复杂的女性角色之一,此片在他的所有作品中可谓独树一帜。③

虽然影评界并不看好(有人打趣说电影应该叫"疯子无悔"④),不过电影在票房上却很成功,当时东宝受第二次工潮的影响,出品的电影很少。电影杂志《电影旬报》把它评为年度电影第二名。直至今日,这部电影还有很多仰慕者,如作家彼得·考伊认为"这是

---

① 斯图尔特·加尔布雷思:《天皇和狼:黑泽明与三船敏郎的生活和电影》,第72页。
② 唐纳德·里奇:《黑泽明的电影》,第36页。
③ 史蒂芬·普林斯:《武士的镜头:黑泽明的电影》,第78页。
④ 斯图尔特·加尔布雷思:《天皇和狼:黑泽明与三船敏郎的生活和电影》,第77页。

在电影《我于青春无悔》中的幸枝,是黑泽明电影中为数不多的、真正复杂的女性角色之一

黑泽明最令人信服的政治电影"。①《感官世界》《战场上的快乐圣诞》《马克斯，我的爱》等电影的导演大岛渚，和其他多位导演一起对黑泽明进行了多年的猛烈批评，但他在早期作品《日本之夜与雾》中却向《我于青春无悔》致敬。"黑泽明的人道主义表现在向过去正义力量的勇气致敬，用其他形式在当今重塑对此勇气的崇敬，而大岛渚则不同。"②大岛渚再次用电影《男孩》向黑泽明致意，里面的公园场景不禁让人联想起黑泽明的《生之欲》和继《我于青春无悔》之后的《美好的星期天》这两部电影。

毫无疑问的是，那些认为《我于青春无悔》不符合黑泽明风格的评论家们认为他的下一部电影《美好的星期天》还在走下坡路。他们认为这部电影是他的所有作品中最奇特的电影之一。片中"打破第四墙"③的高潮部分是女主角昌子转向观众，请求他们为天下的年轻情侣们鼓掌，昌子由中北千枝子饰演，她也曾在《最美》和《我于青春无悔》出演小角色。这部电影也是黑泽明与童年伙伴植草圭之助第一次合作的作品。昌子和未婚夫雄造（沼崎勋饰演）这对年轻的情侣相约星期天见面，手里仅有35日元，开始了一天充满希望的、但又遭受羞辱的经历。他们一起去看一套根本买不起的样板房，又和一群孩子在大街上玩棒球，还想去欣赏一场音乐会。每一个场景都非常鲜明地体现了他们的贫困：另一对光鲜的夫妻来看样板房，

---

① 彼得·考伊.《黑泽明：电影大师》，第55页。
② 莫琳·特里姆（Maureen Turim）:《大岛渚的电影：日本反传统人物形象》(*The Films of Oshima Nagisa:Images of a Japanese Iconoclast*)，加利福尼亚，伯克利，1998，第58页。
③ 第四墙是第四堵墙（fourth wall）的简称，属于戏剧术语，指一面在传统三壁镜框式舞台中虚构的"墙"。它可以让观众看见戏剧中的自己。从另一个层面讲，观众在电影、电视节目中出现，可以被看作"打破第四面墙"——译注

棒球玩到最后把一个孩子打哭了,他们被一个店主咒骂,可怜的雄造在音乐厅的台阶上被票贩子打倒在地。不过,如人们所希望的,类似的电影里都会有一些勉强的自我拯救情节,比如在公园里雄造想象着自己是指挥家,两个人相约下个星期天再相见,电影在这里到达高潮。这是写给平凡人物的赞美诗,以弗兰克·卡普拉式的多愁善感的方式反映出来,就像里奇评论的那样,"黑泽明肯定观看过卡普拉的《一夜风流》《迪兹先生进城》和《一日贵妇》等电影——因为从他的电影中能够看得出来。"[1]

《美好的星期天》是黑泽明的一部重要作品,他第一次展示了人道主义——他探索着用各种各样矛盾的方式表现人道主义,如在电影《静静的决斗》《生之欲》和最典型的《红胡子》中表现的那样。即使后来的电影包含了呼应《美好星期天》的情节,对他而言这部电影也算是画上了完美的句号,这是黑泽明的最后一部青少年作品。他的下一部电影才是他的第一部毫不妥协的作品。这部作品也即将成就一位伟大的演员——三船敏郎。

---

[1] 唐纳德·里奇:《黑泽明的电影》,第45页。

第三章
1947—1949 年：现代之恶

> 人们记住的却是三船敏郎。①

黑泽明是在东宝招募新人的面试现场上第一次注意到三船敏郎的。当时三船敏郎想成为摄影师，有位朋友建议他利用东宝的招新计划先进入制片厂，然后再从表演转到摄影工作。三船敏郎还有点担心，因为他给面试官们留下的印象是要么不遵守指示、要么无法做好这些指示——他拒绝按要求去表演哭泣，而表演发怒时又太过火，显然把面试官们都吓坏了。据传，由于黑泽明的求情才录用了他。黑泽明把三船敏郎比作"一块宝石"。②他的第一个角色是在黑泽明担任编剧的电影《银岭之巅》中与志村乔演对手戏，当时志村乔已经是个老演员，出演了黑泽明之前的五部作品以及《创造明天的人们》和《四个爱情故事》。三船敏郎在《泥醉天使》中担当主演，黑泽明把这部电影看成第一部真正属于自己的电影，日本人评价"这是优秀的战

---

① 题记来自唐纳德·里奇的《黑泽明的电影》，加利福尼亚，伯克利，1965，第 49 页。
② 斯图尔特·加尔布雷思：《天皇和狼：黑泽明与三船敏郎的生活和电影》，伦敦，2002，第 69 页。

后电影，或许是第一部真正意义上的战后电影"。①

志村乔饰演了一位性格矛盾的小地方医生，名字叫真田（很显然他模仿了托马斯·米切尔在《关山飞度》中的表演②），他在肮脏的池塘边开了一个小诊所。与演职员表一起出现的就是那黑乎乎的、冒着泡的池塘。真田的出场戏是他为三船敏郎饰演的当地恶棍松永治疗满是血污的手。从一开始他们的关系非常紧张，真田拒绝给松永实施麻醉，因为他很快发现松永手上的伤是子弹造成的。但是当真田发现松永还患有肺结核时，尽管两人之间有不同点，却也有相同点（真田承认他在松永身上找到了年轻时的自己），他坚持要给松永治疗。当松永的老大冈田（山本礼三郎饰演）从监狱里被释放后，剧情变得更加复杂。冈田阻挠松永恢复健康，还对真田与女护士（由出演《美好的星期天》的中北千枝子饰演）的关系进行威胁，随着剧情发展我们知道女护士曾经是冈田的女人。慢慢地，松永感觉到自从冈田回来后自己就处境危险，最终他与冈田反目。电影以血腥冲突结尾，就像预示着《蜘蛛巢城》里的那场高潮戏一样，如果真田事后所说的话是真的，血腥决斗真的不能改变什么。

医生和黑帮恶棍之间紧张的关系在写剧本时就涉及了。黑泽明的合作者植草圭之助评论说："我们在写剧本时，恶棍的比重越来越大，而医生的戏份越来越少。"③为此，写剧本时增加了医生的弱点，让医生的角色更加复杂：他有长期酗酒的问题——甚至曾有位同事

---

① 唐纳德·里奇：《黑泽明的电影》，第47页。
② 斯图尔特·加尔布雷思：《天皇和狼：黑泽明与三船敏郎的生活和电影》，第95页。
③ 唐纳德·里奇：《黑泽明的电影》，第49页。

问他是不是把医用酒精都给喝光了——电影在这里出现转折，松永半夜来找医生，他喝得醉醺醺的、精神恍惚，手里攥着胸腔的X光片。随着电影的推进，人物也在不断地变化。黑泽明说：

> 志村乔把医生演绎得非常棒，但是我发现很难指导三船敏郎。当我看到这种情形，我就放手让他按照自己的想法去表演，自由地发挥……最后，虽然片名指的是医生，人们记住的却是三船敏郎。①

当然电影最突出的戏份还是三船敏郎的——他正夸下海口时，冈田第一次出现了，他的气势顿时消解（两个影子的镜头巧妙地在黑色池塘上伸展）。还有那场富有特色的、令人毛骨悚然的、高潮迭起的决斗戏。在决斗的那场戏中，通过三面组合镜，我们看到松永的影像穿过房间，然后看到两个人在打翻了油漆的走廊地面上扭打在一起。

黑泽明说人们记住的是三船敏郎，这也不完全对。《泥醉天使》是黑泽明把微妙和复杂真正融合的第一部电影。普林斯把黑色的水塘和电影的主题联系在一起：

> 池塘是电影的中心，电影中的一系列的动作、描绘的意象的样式都以池塘为中心展开。里奇认为这些镜头表达了因果关系——水坑和疾病——但是意象则更为多重和复杂，它所指向

---

① 唐纳德·里奇：《黑泽明的电影》，第49页。

的社会现实要更加错综复杂,线性因果关系的隐喻很难能把这些都表达清楚。①

黑泽明希望我们仔细观察他所呈现的一切:烦扰当地居民的蚊子、恶棍们——他们都在破坏社会,只有不使用麻醉的方法才能找到改善的办法,就如同电影开头真田治疗松永那样。片中有一段舞蹈场面,笠置静子演唱了《丛林热舞》,这表明让松永生病的不仅有肺结核,还有日本社会的美国化。②黑泽明在《丑闻》一片中回归了这一主题,但是不太成功。

除了两个男主角外,还有一组角色主要由女性构成,她们在电影中也起到重要作用。那个起鲜明对比作用的患有肺结核的小姑娘,还有两个女人,一个是由木暮实千代饰演的松永的女朋友,她和冈田在一起,而后又背叛了他。另一个是由千石规子(她后来继续出演了《野良犬》《丑闻》《白痴》和《七武士》等电影)饰演的暗恋松永的酒吧女。这两个女人以各自不同的方式,表达着对松永不同的感觉。千石规子饰演的酒吧女和志村乔饰演的医生在电影的最后起到对比的作用,这种手法黑泽明多年以后经常应用在诸如《生之欲》《懒汉睡夫》《天国与地狱》等电影里。观众们明白了松永经历了心理的变化并促使他选择与冈田决斗,那位医生,用里奇的话说,"他的理想应该为这些巨大变化负责",却不知道松永变化的前因后果,真田和酒

---

① 史蒂芬·普林斯:《武士的镜头:黑泽明的电影》,新泽西,普林斯顿,1991,第81页。
② 同上。

吧女的对话结果正与他们所想的相反：变化是可能的。①

由于黑泽明用近乎纪录片的方式表现当代的日本，于是经常有人把黑泽明和意大利的新现实主义者进行对比——里奇认为《泥醉天使》对于日本人的意义就像"《偷自行车的人》对于意大利人一样重要"——黑泽明完全背离了新现实主义美学，他的电影既关注风格也关心普林斯所说的"精神和象征危机"。②例如，松永的危机在一个梦境中达到顶峰，他梦见自己穿着黑色西服，戴着白色围巾，手拿斧头靠近一个从大海里冲上来的、像棺材的盒子；盒子里躺着另一个自己，穿着电影里第一次出场时的衣服。里奇写到了这一幕：

> 梦的意义非常清楚——甚至伯格曼在《野草莓》中也使用了类似的手法……三船敏郎饰演的松永不想成为他现在的样子。③

《泥醉天使》也是黑泽明与作曲家早坂文雄合作的第一部电影，两人一直合作，直至1955年早坂文雄去世。他们的合作标志着黑泽明对电影配乐认识的巨大改变。拍摄《泥醉天使》时发生的一次小事故巩固了他们的友谊，在为某个场景配乐时，他们本能地知道什么是正确的，而且能达成一致，非常默契。1948年初，黑泽明收到了父亲去世的电报。他之前知道父亲已经病重，但是由于东宝对拍片设定了严格的期限，他走不开。"收到父亲病故消息的那天，"黑

---

① 唐纳德·里奇：《黑泽明的电影》，第52页。
② 同上，第47页；史蒂芬·普林斯：《武士的镜头：黑泽明的电影》，第79页。
③ 唐纳德·里奇：《黑泽明的电影》，第51页。

在电影《泥醉天使》中,松永梦中的场景

泽明写道：

> 我独自一人到了新宿，试着喝了点酒，但这只能让我感觉更加沮丧，悲伤、绝望之下，我游走在喧嚣的人群里……脑子空空的。正走着，我突然听到某个地方有扬声器在高声播放《杜鹃圆舞曲》。欢快明亮的曲子一下子冲淡了我的忧郁情绪，但却加剧了悲伤，让我再也无法忍受。①

黑泽明建议把《杜鹃圆舞曲》作为松永被那些曾经讨好他的店主拒绝的那一幕的配乐。黑泽明和早坂文雄都被完美的影音对位震惊了。②

电影大获好评，还赢得了日本最重要的两个奖项：《电影旬刊》评选出的"最佳电影"，黑泽明此后还有两次获此殊荣；《每日电影》评选的年度电影奖中的三项："最佳电影"、"最佳摄影"和"最佳配乐"奖。但是黑泽明和他的同事们却没有心情去庆祝，因为东宝爆发了多年来的第三次、也是最为暴力的罢工，混乱是由于员工们的焦虑和不同工会之间争夺控制权造成的。"第三次罢工就像孩子吵架，"黑泽明写道，"像两兄弟争抢一个玩具，把玩具的头、胳膊和腿都扭了下来，直至玩具散架为止。"③

欣慰的是，黑泽明还有个象征性的家可以去，那就是他与山本嘉次郎、成濑巳喜男和谷口千吉三位导演在1948年成立的"电影艺

---

① 黑泽明：《蛤蟆的油》，第162—163页。
② 同上，第164页。
③ 同上，第166页。

术协会"制片公司。在罢工期间，这个组织处于"休眠状态"，没有任何活动。①黑泽明为这个新制片公司拍的第一部电影是《平静的决斗》，改编自剧作家菊田一夫当时创作的一部成功的舞台剧。故事发生在1944年，一个不知名的太平洋小岛上，三船敏郎饰演的医生藤崎恭二正在一些凌乱的战地帐篷外给一个受伤的士兵中田（植村谦二郎饰演）做手术，他不慎被手术刀割伤了拇指，后来得知自己感染上了中田所患的梅毒。场景变换到了两年以后，恭二回到东京，和父亲幸之助（志村乔再次出演）一起行医。有关他的流言传开来了，女护士（千石规子饰演，她曾在《泥醉天使》中饰演三船敏郎的女友）和一位病人在暗地里猜测恭二为什么解除与美佐绪（三条美纪饰演）的婚约。《平静的决斗》的故事主线围绕着恭二和美佐绪展开，恭二拒绝解释解除婚约的原因，而这令美佐绪感到伤心、迷惑但又坚决想要知道究竟发生了什么。还有一条副线围绕着女护士（她曾经是名妓女，是恭二医治好了她，开始时她认为恭二是"野兽"，后来却把他当成圣人）和中田（由于自己的病情，他原本打算自己活下去，但他结了婚，妻子泷子还怀孕了，结果非常不幸）展开，本意是让情节生动，结果却是"艺术上的失败"。②电影建立在一个简单但难以置信的情节基础上——一个医生居然会脱下手套，割到手指，然后又继续手术——还有本片像《我于青春无悔》一片那样向审查妥协了（黑泽明被要求改掉原来三船敏郎饰演的角色发了疯的结尾，审查官们担心人们由于害怕都不敢去医院治

---

① 黑泽明：《蛤蟆的油》，第168页。
② 斯图尔特·加尔布雷思：《天皇和狼：黑泽明与三船敏郎的生活和电影》，第103页。

病),《平静的决斗》一直试图把故事情节表达好,但没有成功,感觉缺少了黑泽明惯有的细腻,而且不幸的是,故事的发展对于现代观众来说过于老套。虽然志村乔在得知儿子问题的真相那一幕表演得很精彩(观众是从他后背角度看的,看到他的肩膀塌了下去),但是他的演技没有充分发挥出来。三船敏郎不过是稍稍收敛了一下他惯常的狂暴形象。他时而大怒,时而沉思,但他并没有呈现出观众所想要的——至少作为他医治好病人的回报,观众应该会对他抱有真切的同情心这一效果也没有达到。虽然有些场景拍得很好,例如,三船敏郎和志村乔同时给对方点烟的一幕,但是电影给人感觉比较做作,依靠静止的中镜头,避开了黑泽明在其他电影里一直涉足的实验主义做法,没有一处能超越戏剧化的故事情节。过渡手法——例如,透过棱镜表现季节变化中的门——对黑泽明来说实在是太笨拙了,连他自己都承认"只有刚开始的野战医院那几幕还有点价值,当场景转回日本时,电影就脱离了原来的戏剧情节。"①

最后,《平静的决斗》只能是被认为传播了主题,而其他方面在之后的电影中得以更成功的呈现。加尔布雷斯写道:

> 《平静的决斗》没有做到的,他在《野良犬》中再次尝试,并获得比较好的效果。电影想表达的无私、自我牺牲主题以及某些情节因素和场景都在《红胡子》一片中得以重新展现。②

---

① 斯图尔特·加尔布雷思:《天皇和狼:黑泽明与三船敏郎的生活和电影》,第104页。
② 同上,第105页。

里奇也对电影中鲜花的象征意义进行了有趣的评论。高潮戏里，泷子的镜头过后是一朵花的特写，这说明她非常开心，但是这也让观众想到了在《姿三四郎》和《泥醉天使》里类似的象征。

这宣告了黑泽明电影生涯的一个特定阶段结束了，除非出于情节的需要，例如，《椿三十郎》中的那朵山茶花，我们再也不会看到一朵花的特写了。①

普林斯也认为这部电影，连同《美好的星期天》和《丑闻》是那个时期拍得最差的电影，但是他还是认为它"渗入了战时崩溃的现实，并预示一个新日本的到来"。②"战时崩溃的现实"在他的下一部电影《野良犬》中成功地表现出来。

电影开头是一只喘着粗气的狗的特写，黑泽明给这只狗化了妆，目的是"让它看起来凶猛一些"（这个决定给黑泽明惹来了意外的麻烦，一位来自美国的防止虐待动物保护组织的代表认为那只狗被注射了狂犬病毒而控告他）。《野良犬》讲的是一位叫村上的警探（三船敏郎饰演）的手枪在拥挤的公交车上被偷走了。③村上像狗一样执着地要找回他的手枪，他调查了附近区域的小偷，发现偷他手枪的那个人有可能是与一个女人合伙干的，因为那个女人浓浓的香水味曾让他觉得恶心。他跟踪那个女人直到两个人都精疲力尽，最后她招认说他

---

① 唐纳德·里奇：《黑泽明的电影》，第57页。
② 史蒂芬·普林斯：《武士的镜头：黑泽明的电影》，第73页。
③ 黑泽明：《蛤蟆的油》，第174页。

在电影《野良犬》中,黑泽明给这只狗化了妆,"让它看起来凶猛一些"

的枪可能在黑市上找到。村上扮成一名邋遢的退伍士兵,从上野到浅草,寻访线索。最终认识了一个年轻人把他带到了一个酒吧里,一个年轻的女人(千石规子饰演)给了他枪,作为交换,村上给了她大米配给券。

村上亮出身份,逮捕了那个姑娘。村上被上司斥责,因为他错失良机没能完成行动的所有任务(千石规子饰演的女孩告诉他那个偷枪的人就站在门口,他们离开时就从他旁边经过)。村上的枪被用在了犯罪案里,他和一位聪明的、名字叫佐藤的老探长(志村乔饰演)在一起办案,佐藤出场时吃着冰激凌向千石规子问话。当两个警察将目标锁定到一个十几岁的歌舞女郎(淡路惠子饰演,她后来成为日本的知名影星,不过在拍摄过程中黑泽明觉得她比较麻烦①)和她的恶棍男友(由木村功饰演)时,《野良犬》才看起来像一部真正的警探片。与《姿三四郎》及《泥醉天使》一样,这部电影也是以一场高潮动作戏收尾,村上和恶棍打斗,全身都是泥,几乎都分辨不出彼此了。

片名不仅仅指偷了村上的枪的那个恶棍——佐藤称其既是野狗也是疯狗——而且,用《泥醉天使》开始的"希区柯克式平行叙述"来说,也指村上本人。②从一开始,村上就认准了要找枪,后来发生犯罪案件时,他觉得是自己造成的。"疯狗只盯着他们追逐的",佐藤说。村上只看到枪在整个过程中的作用,问了好几个人是不是他的枪犯的案子。警察与罪犯有很多相似的地方,电影因此变得更复杂,他和佐藤到凶手的家里发现了凶手曾经写过的一封信,信上说他自己是一只

---

① 斯图尔特·加尔布雷思:《天皇和狼:黑泽明与三船敏郎的生活和电影》,第112—113页。
② 同上,第93页。

无用的猫,和那个被杀的人一样。村上像狗,而凶手像猫的说法在电影的高潮部分获得了非凡的效果,村上一句话也没说,凶手就本能认出了他的"狗"性。

不寻常的是黑泽明和里奇都对这部电影进行了批评。黑泽明说:"我想把它拍成作家乔治·西蒙式的电影,但是我失败了,因为它太技术化了。"[1] 里奇指出电影里的一些"当时的失误":电影开场时的旁白,还有片末非常笨拙地插入的三船敏郎饰演的角色所说的旁白,都显得非常不协调;突然出现在村上枪套里的新手枪,直到结尾都没有任何解释。[2] 里奇还强烈批评村上那长达 10 分钟的搜寻黑市交易者的场景。"无休止的蒙太奇……二次曝光、渐隐、淡出、组合画面……时间太长了,给人希望夏天快点过去,秋天赶快到来的感觉。"他写道。[3] 加尔布雷斯也谈到了里奇的观点,他解释说:

> 这个冗长的、令人兴奋的场景不仅仅抓住了战后东京和黑市的热度,其长度已经到了极限,但却很有必要。村上的决心肯定比我们的坚定,蒙太奇的运用就证明了这一点,观众都进入到他的精神状态中了。[4]

就地点的选择和取得的特别效果而言,如同黑泽明在《美好星期天》和《泥醉天使》(稍微少点)中所做的那样,《野良犬》把它发

---

[1] 唐纳德·里奇:《黑泽明的电影》,第 62 页。
[2] 同上,第 63 页。
[3] 同上。
[4] 斯图尔特·加尔布雷斯:《天皇和狼:黑泽明与三船敏郎的生活和电影》,第 112 页。

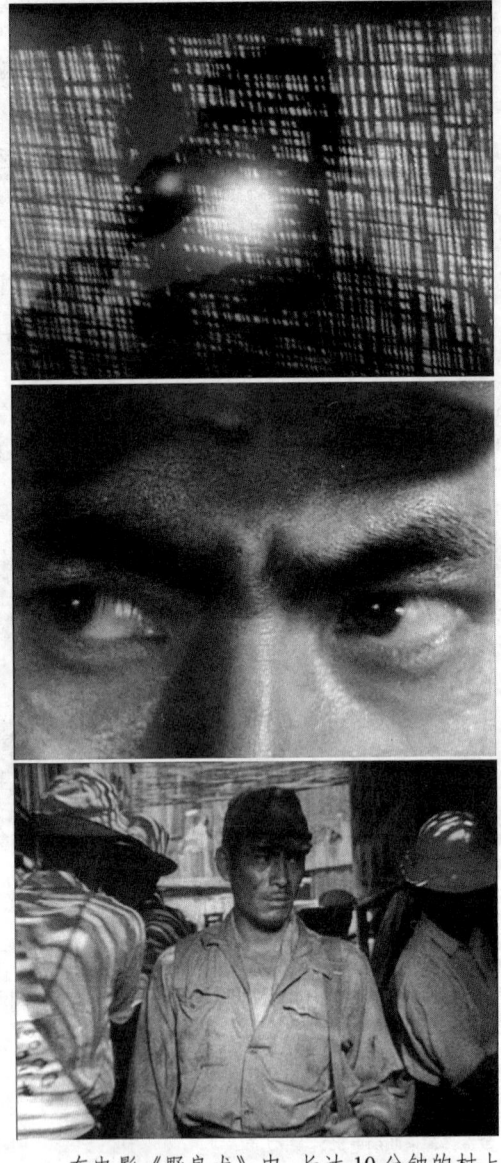

在电影《野良犬》中,长达10分钟的村上搜寻黑市交易者的场景

挥到了极致——黑泽明将此归功于副导演本多猪四郎，本多猪四郎后来创作、导演了哥斯拉系列电影并获得极好声誉。黑泽明说："有人说我在《野良犬》中非常好地捕捉了战后日本的气氛，如果是这样，我要好好感谢本多猪四郎，"他把手持摄像机放到盒子里到黑市里去拍，"那里充满了暴力，恐怕连新闻短片的摄影师都无法做到。"① 气候第一次在黑泽明电影里起到如此大的作用，夏季的酷热通过各个画面表现出来：不断摇动的扇子，还有直接展示的舞者身上的汗珠。

《野良犬》是黑泽明拍摄的第一部无须与他的其他电影比较就能引起大家兴趣的电影。《野良犬》从其目的、主题来看，实际上是一部有关善与恶的类型电影，他在《懒汉睡夫》和《天国与地狱》中继续了这样的主题。片中有一段关于善与恶的对话，村上相信环境造成了恶，而佐藤相信人本性是恶的（两个人关于善恶的对话，在随后的电影《丑闻》中再次出现，不过二者的角色对换了）。电影似乎在暗示邪恶是个人的选择，根据村上和恶棍所说出的各自愿望，我们看到这两个走了不同人生路的人其实非常相似。《野良犬》也代表了黑泽明电影里的英雄，那就是"面对失败仍继续前行"的人，这样的英雄在《白痴》《七武士》《低下层》和《用心棒》中一次次的出现。②

20世纪40年代末期，由于受西方的影响，要求自由的呼声在日本前所未有地高涨，宣传自由思想的书，尤其是电影比以前更容易被接触到。伴随着新兴的自由，"某些种类的杂志"开始热卖，用黑泽

---

① 黑泽明：《蛤蟆的油》，第175—176页；斯图尔特·加尔布雷思：《天皇和狼：黑泽明与三船敏郎的生活和电影》，第110页。
② 斯图尔特·加尔布雷思：《天皇和狼：黑泽明与三船敏郎的生活和电影》，第111页；唐纳德·里奇：《黑泽明的电影》，第61页。

明的话说"为取悦读者的好奇心,到处搜寻丑闻线索,然后就夸大事实,恬不知耻地大写特写庸俗不堪的报道"。①虽然他的下一部电影《丑闻》的灵感来自他在杂志上看到的一个故事,故事里一位不知名女演员的贞操成为被臆测的话题——然而故事的写作方式却让那位女演员无法采取法律措施——黑泽明自己也是这些散播小道消息的媒体的受害者。当时有些文章指向了他和曾经在《马》中有合作的女演员高峰秀子之间的风流韵事。不管文章是否真实(黑泽明没有公开回应这些臆测),他当时被激怒了,他要拍一部"抗议"电影,本意是要讲述一本杂志围绕着一对名人捏造虚假新闻的故事,但是与《泥醉天使》一样,当剧本写出来时,跟他原来设想的已经不一样了。

开场戏发生在一座山上,年轻的画家青江一郎正忙着在画布上画对面的群山——身边放着各种各样的东西和红色颜料,三个围观的农民惊讶地看到一位年轻姑娘闲逛过来还哼着歌。她没赶上公交车,青江得知姑娘住在同一家旅馆,提出让她搭乘自己的摩托车。很快,从两位驻扎在旅馆门厅的记者那里,我们知道了青江搭载的是著名歌手西条美也子,那两位记者正在抱怨他们还没能拿到西条美也子的照片,不想这样一无所获就走,于是偷偷抓拍了两人在阳台上谈话的照片。他们的老板把故事夸大成"轮子上的激情",他的杂志《爱》被一抢而空。怒不可遏的青江打了老板一拳并计划采取法律行动,一个不修边幅的律师蛭田提出给他们辩护。电影从这里开始着重表现了蛭田的道德和伦理问题。第一次见面时,蛭田的虚张声势在杂志社老板

---

① 黑泽明:《蛤蟆的油》,第177页。

这个狡猾的生意人面前不堪一击，蛭田转而为两边工作，收了老板的钱准备出卖青江。我们能从中看到蛭田的内心冲突：他钟爱的女儿身患肺结核，他只能以酒消愁。青江和美也子从此没有出场，直到庭审的高潮戏中蛭田站在法庭上坚持原来的立场，他们才出来。

与《泥醉天使》和《野良犬》一样，《丑闻》的题材也属于黑泽明所认为的现代病——和前面两个不同的现代病，《丑闻》所关注的言论自由究竟自由到什么程度的话题直至今日仍引起人们争论。不幸的是，黑泽明的处理并不全面，也不够有力，甚至他自己都承认，"《丑闻》就像是螳臂挡车一般，是对付诽谤的无力的武器。"[1] "青江和美也子[分别由三船敏郎和山口淑子（又名李香兰）饰演，后者成为在日本和美国知名的明星，但她后来没有与黑泽明再次合作。]毫无个性，"里奇说，"不过是曾发生过什么事的人而已。"[2] 相反的倒是小泽荣太郎饰演的老板很像一个漫画人物，表演的有点过火，让人联想起《姿三四郎2》里月形龙之介饰演的那个邪恶的弟弟。

《丑闻》值得推荐的一个主要原因是：志村乔饰演的内心充满矛盾的律师蛭田。有几个场景表现了蛭田的内心挣扎：当他看到美也子和青江与他的生病的女儿欢度圣诞节时，他跑了出去，忍不住在黑夜里失声痛哭——这个场景非常打动人心。即便是蛭田这个人物形象也受到了电影情节太过于拼凑而显得混乱的影响。一种延长的"美好往日"呼应了弗兰克·卡普拉的伟大作品《生活多美好》，感觉上应该有个道德上的高潮，但遗憾的是电影里并没有出现。

---

[1] 黑泽明：《蛤蟆的油》，第178页。
[2] 唐纳德·里奇：《黑泽明的电影》，第67页。

《丑闻》片断,黑泽明拍过的唯一一场庭审戏

在介绍最近发行的《丑闻》DVD版时,阿力克斯·考克斯导演提到了他认为是电影中的几个难解之谜。他认为"在黑泽明的一生中,还有一些东西没有表现出来",三船敏郎的角色是一位画家(电影中"一位不令人信服的画家",考克斯继续说,)让人联想到黑泽明自己也做了一段时间的画家,给电影赋予了深深的个人色彩。①考克斯继续谈到《丑闻》的高潮庭审一幕——应该记住的是,这是黑泽明电影中唯一的法庭场景,考虑到他的长期职业生涯和题材的多样化,这真让人觉得惊讶——这是"该电影拍的最好的部分"。②我们在这一幕看到了蛭田的自我救赎,我们还看到电影开头的农民们戏剧性地又出现了,至此全剧散乱的各种线索最后终于拉紧了。

琼·梅兰在她的文章《黑泽明的〈丑闻〉和战后运动》中指出这部电影的特点让它在黑泽明的所有作品中独树一帜,如他娴熟地运用了蒙太奇手法(现代观众可以回想一下《公民凯恩》,而黑泽明在拍摄《丑闻》时,还没有看过这个片子)以及此片表现出来的、伴随着日益西化而引起的"道德混乱":

> 日益增加的小报、杂志里充斥着随美式英语的入侵而来的新奇表达;在配音上出现了诸如"'bonus''Henry Ford''Santa Claus''Merry Christmas everybody"③等词汇和句子;配乐上则

---

① 《丑闻》(DVD),《电影大师系列》(*The Masters of Cinema Series*),2005。
② 同上。
③ 这几个英文单词或短语的中文意思分别为:奖金(bonus)、亨利·福特(Henry Ford)、圣诞老人(Santa Claus)、祝每个人圣诞快乐(Merry Christmas everybody)。

使用了包括《纽扣和领结》在内的流行音乐。①

那时,《丑闻》可以算得上是为那部绝对伟大的电影《生之欲》进行的彩排（志村乔饰演的蛭田就像是与他饰演的小公务员渡边堪治在遥相呼应），不过它还是被黑泽明在 1950 年拍摄的第二部电影遮住了光芒,这部电影不仅改变了导演的命运,还改变了日本电影的命运,或者用一个有争议的说法,它改变了 20 世纪后半叶世界电影的命运,那就是电影——《罗生门》。

---

① 琼·梅兰（Joan Mellen）:《黑泽明的〈丑闻〉和战后运动》(*Kurosawa's Scandal and the Post—war Movement*),《丑闻》(DVD) 宣传册。

第四章
1950年：世界的电影

> 就像把水倒入正在酣睡的日本电影业的耳朵里。①

如果让你列举一下《罗生门》的演职人员，毫无疑问，除黑泽明外，还有四位最重要的人物：三船敏郎、志村乔、京町子和森雅之。考虑到《罗生门》的视觉效果和观感，你极有可能还要再加上摄影师宫川一夫和配乐作曲家早坂文雄以及那位忧郁的年轻剧作家芥川龙之介，本片就是取材于他的短篇小说。还有桥本忍，他和黑泽明一起改编剧本。不过，你可能想不到把朱丽安娜·斯特拉米杰利也加到名单里。斯特拉米杰利当时对《罗生门》没有被列入1950年的威尼斯电影节评选名单提出了质疑，随后《罗生门》被列入名单并获了奖，这毫无疑问地改变了黑泽明的命运，也可以说是帮助20世纪后半叶的世界电影吸引了更多的观众。对于出资拍摄此片的电影厂老板而言是个不错的结果，其实他当时也没有看懂这部电影。

黑泽明从1947年起就想拍摄此片，尽管当时他喜欢桥本忍的第

---

① 题记来自黑泽明的传记《蛤蟆的油》，纽约，1983，第187页。

一稿——完全改编自芥川龙之介的小说《筱竹丛中》——但仍感觉"把它拍成故事片还不够长"。① 他见到了桥本忍,并对他颇有好感(他们的友好关系又促使两人继续合作了《生之欲》和《七武士》),但是直到大映公司② 询问黑泽明《丑闻》拍好后是否有兴趣再为他们拍一部电影,《罗生门》才"从我的大脑褶皱中跳出来告诉我说,就拍这个吧"。③ 桥本忍的剧本改编自芥川龙之介的《筱竹丛中》(当时名称是《雌雄》),黑泽明觉得这个剧本不需要改变太大就可以拍成故事片:

> 我想起来:《筱竹丛中》已经有三个故事了,如果再加一个新故事,就恰好能达到电影所需要的长度……于是我想起了桥本忍的故事《罗生门》。它和《筱竹丛中》一样,也是平安时代发生的故事。电影《罗生门》就在我的头脑中慢慢形成了。④

在拍好的电影里,芥川的第二个故事几乎没怎么用上,只是使用了它的素材作为框架。那个巨大的罗生门、有关道德模糊的争论和偷衣服的情节都来自这个故事。

一开始,电影中的很多素材和《丑闻》一样,非常鲜活。黑泽明仔细观看了同期日本其他导演的作品,感到"自从20世纪30年

---

① 黑泽明:《蛤蟆的油》,第181页。
② 大映公司:日本电影企业。1942年成立,全称为"大日本映画制作株式会社",后改名为"大映株式会社。以下简称"大映"。"
③ 同上,第182页。
④ 同上。

代有声电影出现以来……我们已经误解和忘记了无声电影的独特美感"。①值得注意的是,虽然《罗生门》中的故事和电影都来自传统的能剧("罗生门"指的是京都的罗城门,被能剧艺人观世小次郎信光在一部剧里改成现在的名字),无声电影对本片有极为重要的影响,特别的是,对20世纪20年代的法国先锋派电影精神、拍摄方式、指导演员表演的方式,都产生了很大影响。黑泽明在自传中列出了这些电影:阿贝尔·冈斯的《车轮》、马塞尔·莱比尔的《已故的帕斯卡》、让·雷诺阿的《娜娜》和《卖火柴的小女孩》、莱昂·波瓦里埃的《凡尔登,历史的幻影》、卡尔·德莱叶的《圣女贞德蒙难记》、谢尔曼·杜拉克的《贝壳与僧侣》,当然还有路易斯·布努埃尔的《一条安达鲁狗》、曼·雷的《骰子城堡的神秘事件》和阿尔倍托·卡瓦尔康蒂的《时光流逝》。这些电影都是黑泽明在十几岁到二十出头时看过的。②不过,应当承认的是,黑泽明的回忆折射出了这些电影对他的影响,因为:

> 当时,没有电影资料馆,我只好先试着搜集老电影,回忆从前还是孩子时看过的电影的结构,反复体会其独特的电影美学。③

关于这部电影还有一些"不同寻常"的经历值得记录,那就是电影从一开始就遭到了来自各方的阻碍和让人不解的冷遇。④起初是

---

① 黑泽明:《蛤蟆的油》,第182页。
② 同上。
③ 同上。
④ 唐纳德·里奇:《黑泽明的电影》,加利福尼亚,伯克利,1965,第70页。

由东横公司在 1948 年开始投资的，但他们改变了主意，因为他们认为这部电影风险太大，东宝也有好几年反对拍这部片子。在拍片过程中，一天晚上，三位副导演来找黑泽明请他把剧本解释说明一下。"请再次认真地读一读"，黑泽明告诉他们。他解释说："这部电影就像是一幅奇异的画卷，描绘、展示人的自我的奇妙画卷。"两位副导演承诺再好好读一读，第三位最后却请辞了。① 大映的领导人永田雅一②——在日本电影界的地位就如同塞缪尔·戈德温和达里尔·扎纳克在美国电影界的地位，在首映式上中途离场，他否认与这部电影有任何关系，他特别反对该电影是因为他觉得演员表演得太过火。③ 开始时，日本影评界的观点不尽相同——三船敏郎公开表示"我们日本人看不懂，电影在日本不受欢迎"——电影解说员的工作又在边远地区的电影院短暂地复兴起来。④

对于那些长期观看并深受《罗生门》影响的电影观影人（受影响非常明显的电影有：《非常嫌疑犯》《罗拉快跑》《记忆碎片》，还有马丁·斯科塞斯的《愤怒的公牛》，他说最初的剧本深受《罗生门》的影响⑤），还有那些看过《辛普森一家》中关于《罗生门》的笑话（"好了，荷马，你喜欢《罗生门》，"马芝说。"这不是我记住它的方式啊。"荷马回答说。⑥）的人来说，《罗生门》的确是令人疑

---

① 黑泽明：《蛤蟆的油》，第 183 页。
② 永田雅一（Masaichi Nagata）：《罗生门》的制作人——译注
③ 斯图尔特·加尔布雷思：《天皇和狼：黑泽明与三船敏郎的生活和电影》，伦敦，2002，第 131 页。
④ 同上，第 142 页。
⑤ 马丁·斯科塞斯：《斯科塞斯上的斯科塞斯》（*Scorsese on Scorsese*），伦敦，2003，第 78 页。
⑥ 同上，第 127 页。

惑的，很难理解，至少刚开始是这样。

黑泽明认为芥川龙之介的《筱竹丛中》就像"用外科医生的手术刀剖析了人的内心深处，把黑暗、复杂和怪异、扭曲的内心暴露出来"。① 黑暗、复杂和怪异、扭曲是白天的顺序，观看电影时，开场的字幕就宣布了两个最重要的元素：罗生门的大门和雷雨。当黑泽明给大映提交拍摄计划时，大映迟迟不愿接受的部分原因是黑泽明拍片的外景地设施太简陋了，这让人想起《踩虎尾的男人》的往事。黑泽明只要了一个院子搭建罗生门。在整个电影前期准备期间，那些大映的董事们没弄懂，或者说根本就不懂大门究竟会是什么样子，只有黑泽明自己明白这个大门会建成什么样子。当时的情形是：

> 外景地搭建的这个巨型结构的费用足够他们在摄影棚搭一百多个普通结构……说实话，我开始也没料到会这么巨大。就在我等待期间，不停地去想，脑子里的罗生门就越来越膨胀，最后搭出来这么一个令人惊异的巨无霸。②

从几块残存的蓝色屋顶琉璃瓦的大小来看，很显然，当年的罗生门是非常巨大的，黑泽明"无法确定这个已经消失的结构的具体尺寸"，于是就利用现存的历史遗迹估算了它的大小。历史上，罗生门是京都城外廓的正门，京都当时被称为"平安京"，还有其他三个门。北面是朱雀门，东寺和西寺分别位于东面和西面。黑泽明写道："如果外廓

---

① 黑泽明：《蛤蟆的油》，第182页。
② 同上，第181页。

第四章
1950年：世界的电影

搭建罗生门的大门

的正门不是最大的门,倒是让人觉得奇怪了"。建好的门实在是太大了,如果不是把门建成半坍塌状态,恐怕"城楼能把柱子压塌"。① 大门是整部电影拍摄的关键,芥川龙之介在文中是这样描述的:人们总是看到乌鸦在啄食遗弃在大门上方的门楼里的死尸,这说明死亡近在眼前。②

天气也至关重要:

> 黑泽明电影里的天气绝非偶然。如果说他的很多电影里有雨——在《罗生门》里就有很多雨——不是因为在雨天拍摄,而是因为黑泽明人工制造了很多雨。③

开始人工造雨时,巨大的罗生门给黑泽明和摄制组成员们带来了真正的挑战。为了真实地呈现出大雨落在门上的情形,剧组动用了消防车朝天上喷水,但是当摄影机仰拍阴沉的天空时,下的雨却几乎看不见。结果,观众在银幕上看到的雨是用墨汁染黑后的效果。④ 黑泽明用大雨来强调强烈的自我反省,"开悟时精神极其痛苦的阶段"。⑤ 我们从一开始就会看到随着情节的发展,那些人物会经历精神上的蜕变。但是雨的意义不仅如此,大雨还是叙事的一部分,在大雨中故事铺陈开来,让观雨的人感觉到身处洪流之中。此外,这是一个被毁

---

① 黑泽明:《蛤蟆的油》,第 181 页。
② 芥川龙之介:《罗生门和其他 17 个故事》(*Rashomon and Seventeen Other Stories*),伦敦,2004,第 4 页。
③ 斯图尔特·加尔布雷思:《天皇和狼:黑泽明与三船敏郎的生活和电影》,第 133 页。
④ 黑泽明:《蛤蟆的油》,第 185 页。
⑤ 斯图尔特·加尔布雷思:《天皇和狼:黑泽明与三船敏郎的生活和电影》,第 133 页。

黑泽明用消防水管在《罗生门》拍摄现场人工造雨

坏的世界，就像片中的和尚所说，"战争、地震、狂风、大火、饥荒、瘟疫。一年又一年，只有灾难。"你不能谴责挤在罗生门下的三个人物是那么悲观，他们只是习惯性地看到黑暗的一面而已。他们可能在躲避暴雨，但即使雨小了，还是找不到乐观的理由。

电影开场是由三船敏郎饰演的樵夫和千秋实饰演的和尚在躲避雷雨。"我不明白，"樵夫一遍又一遍地重复。很快又来了第三个人，由上田吉二郎饰演的打杂的，他跑过一个长长的黑色水坑，观众不禁联想到了《泥醉天使》里的水坑。打杂的被樵夫的喃喃自语惹烦了，问樵夫他不明白什么，才得知他们都旁观了一场审问，听到了一个闻所未闻的奇怪故事。这个故事太可怕了，和尚说："在这样一个瘟疫横行和战乱频发的时代，死一个人就像死一只虫子一样。"他们被吓得目瞪口呆，不敢再听和尚的"布道"，打杂的于是开始做他在片子里应该做的事情——要么随声附和，要么当任性的听众——他开始从门里抽木头准备生火。樵夫恳求他听听，或许能帮他们弄明白。

电影从这里切换到三天前的一个树林的场景。樵夫走进深山，我们跟着他，就像我们跟着《踩虎尾的男人》以及《野良犬》里穿过整个城市寻找那把枪的三船敏郎一样。樵夫偶然发现了一顶女人戴的帽子、一顶压扁了的武士帽子、一根破绳子、一个闪光的护身符盒子，后来还发现一个被杀的武士的尸体，观众们可以瞥见尸体双手举起，手上细细的尸斑真是把人都吓呆了。

随后，场景转到了一个院子里，樵夫正在回答问题——我们听不到问题，后面的情节都是一样的——他否认看到一把剑，在他的证词里这把剑的重要性时隐时现。樵夫给和尚让路，他碰巧在从关山去山科的路上遇到了生前的武士，武士一只手里拿着长剑、弓和箭，还牵着马，马上坐着一位戴面纱的夫人。樵夫和和尚退场，隐身幕后，另外两个人上场，分别是加东大介（他还在《生之欲》和《用心棒》中饰演角色）饰演的差役，令人恐惧的强盗多襄丸当然还是由三船敏郎饰演，这是他传奇般的角色之一。差役禀告幕后的审判官他是如何在岸边发现多襄丸的，当时他身边散落着死去武士的东西，差役还不断取笑他居然被偷来的马踢了。多襄丸抬头看看天上的云，对差役说他不是从马背上被甩下来的，而是在附近山上的小溪里喝了一口被毒蛇污染的水中毒了，暗示只有马是不可能把他掀下来的。多襄丸后来又继续承认，他清楚早晚审判官会因为他犯下的罪行判他死罪的，并直率地承认他杀死了武士。

就在这时《罗生门》才真正进入正题：关于凶手有三个不同版本，第一个版本显然是关于多襄丸的，他已经被指控是凶手。第二个版本来自戴面纱的夫人，她是被杀武士的妻子真砂，由京町子饰演，这个角色给她带来了巨大声誉，让她成为电影巨星。第三个版本，通过女巫之口叙述，显然来自被谋杀者本人。所有故事由罗生门下的三个人讲述的不同版本拼接起来——给我们又提供了第四个版本——樵夫版。有些故事的元素要么是真的，要么不值得辩驳。比如，多襄丸解释说，正好因为一阵风吹起了面纱，露出真砂的美貌，他一下子被她迷住了，发誓要占有她，即使杀死她的丈夫也在所不惜。多襄丸说他在竹林里挖出了几把剑和几面镜子，愿意低价卖给武士和他的妻子，他们被诱骗进了竹林，多襄丸打败了武士并把他绑在了树上。竹林里的三个主要人物说出了不同的故事版本。

在四个版本中，有两个比较吻合——多襄丸的第一个和樵夫的第四个，他们都坚称是多襄丸杀死了武士，因为武士妻子被他强奸（可能发生也可能没有）后，她坚持一定要杀死武士。在第二个版本中，真砂把丈夫放下来，请他把自己杀死，因为她已经遭受了屈辱。她晕倒了，醒来时发现丈夫已经死了。在第三个版本中，我们听到，她的丈夫因不能忍受屈辱而自杀。

还有一个更复杂的问题是，究竟是谁在讲这些故事。在罗生门下避雨的打杂的听到的故事都是从樵夫或者和尚那里来的。因此，举例来说，虽然我们"看到"差役讲述他如何抓住了多襄丸，但是这又是由樵夫和和尚转述的。樵夫与和尚的话的可靠性需要认真推敲。如果我们相信和尚，（实际上他对故事的直接贡献，只是承认他曾经在路上碰到过武士夫妇而已）我们可以假定由和尚转述的武士妻子的话是真的，是因为和尚说他听到了这个故事，樵夫则完全是另外一回事。

在电影的高潮部分，我们逐渐相信樵夫可能偷了武士的短刀，他实际上还是本案的目击者。由此看来，在没看到其他情节的情况下，这至少说明樵夫有些时候没有说实话。如果樵夫撒了谎，因为他的版本和多襄丸版本很相似，那么多襄丸版本也会有不实之处。在详述武士妻子的版本前，樵夫说："他们说的都是谎言。多襄丸的口供、武士之妻的口供，都是谎言。"这句话是他在听武士讲述故事经过前一再重复的。如果樵夫的话不能全信，还有个问题就是：我们在电影开头就知道和尚和樵夫都看到了庭审，如果樵夫说谎，为什么和尚不制止？当然，观众可以反驳说，当樵夫说武士不是被短刀而是被一把剑杀死时，他的确去制止了。里奇解释说：

> 我们可以假定樵夫在不断地撒谎，和尚知道这一点，但是出于某种原因（害怕、怜悯）他没有揭穿。因此，唯一正确的是武士之妻的版本——和尚转述的。①

你的推理还可以继续——电影也是在这样引导你——想办法证实多襄丸或者樵夫是凶手（当打杂的说樵夫撒谎时，他勃然大怒，你对他的这个行为想得越多，就觉得他越邪恶），或者你还可以继续探究，想想黑泽明究竟想得到怎样的结果。

当副导演们去请他讲解一下对电影的剧本怎样理解时，黑泽明说："真正理解人心是不可能的。"

> 人类并不能诚实地看待自身，谈论自己时都要经过美化。《罗生门》就展现了这样的众生相——如果不撒谎，人就活不下去，因为撒谎可以让自己感觉比真实的自己要高明。它甚至还展示了人对竹林外的邪恶行为进行美化的罪恶需求——甚至连已经死去的人在借助媒介，对生者说话时都免不了要说谎。②

《罗生门》里使用的技术之多超过了黑泽明在此之前拍摄的所有电影，他在这 20 年里一直尝试把各种炫目的技术与电影的核心、本

---

① 唐纳德·里奇：《黑泽明的电影》，第 75 页。
② 黑泽明：《蛤蟆的油》，第 183 页。

质以及他想表现的东西结合起来。人心脏跳动时的"那些奇异的脉冲，需要通过光与影的精心交织"才能表达出来，黑泽明写道。① 用里奇的话说，这创造出了"狂想曲式的印象主义"，电影创造的氛围和它的故事一样令人着迷。② 普林斯描写这些"奇异的脉冲"在《罗生门》一片中得到最充分的表达——"这部电影，"他继续说，"是一次彻底地、穿透人内心最深处的尝试，"不过同时，关键、也令人感到可以庆幸的是，"它还没有能力达到这一点。"③

摄影师宫川一夫值得被铭记，他对《罗生门》的视觉效果做出很大的贡献，不过黑泽明并没有告诉宫川自己是多么赏识他的工作，这肯定让宫川有些伤心。④ 宫川的拍摄方式具有开拓性。例如，有一次他把摄影机对着太阳拍摄，那个时刻太阳光通过镜头聚焦于胶片，有烧坏胶片的危险。他使用复合镜头拍摄樵夫第一次走进树林的系列场景，让移动的镜头融入电影叙事中。

还有，《罗生门》还加强了在《泥醉天使》中初次使用的音画对位技术，并基于默片的特点（大部分的场景都没有对白，只有作曲家早坂文雄轻柔的乐曲声）创造出了让事件以高度风格化方式推进的场景，例如，当多襄丸被发现在岸边痛苦扭动时，伴随着的对白是"由回忆的语言构成，而不是同步发生的画面和事件"，这样就创造出一种感觉：这样的对话与"无声电影中的字幕卡片"起到异曲

---

① 黑泽明：《蛤蟆的油》，第183页。
② 唐纳德·里奇：《黑泽明的电影》，第77页。
③ 史蒂芬·普林斯：《武士的镜头：黑泽明的电影》，新泽西，普林斯顿，1991，第130页。
④ 黑泽明：《蛤蟆的油》，第186页。

同工的作用。① 普林斯还说："黑泽明创造出视觉和言辞方式的错位感……这种错位，实际上就是本片的用意所在。"但在承认这一点之前，他还认为，黑泽明没能用纯粹的形式建构好"意识和认知力的不一致性"，这削弱了电影的力度。②

实际拍摄时间"非同寻常的短"——几周就制作完成了——因为前期准备的时间长。③黑泽明和他的摄制组在当天的工作结束后，经常在若草山附近围坐在一起，在月光下跳舞、聚餐，度过了一段快乐时光。奈良的原始森林里"山蚂蟥非常多，它们有时会从树上掉下来"吸食演职人员的血。拍摄空隙，黑泽明会出去散步，思考事情，"为的是找拍摄的场地，也是让自己放松一下"。就在散步时，他经过"高大的杉树和柏树……浓密的常青藤像大蛇一样缠绕在树与树之间"，黑泽明散步时思考白天工作的细节时，有时候会被鹿、猴子吓一跳，他也找到了拍摄《罗生门》的方法。④ 也可能在散步时，他再次思考了拍摄《白痴》的设想，"早在拍《罗生门》之前"，他就一直想要拍的。⑤ 黑泽明写道：

> 有一个好剧本，一位优秀的导演能拍成一部杰作，同样的剧本，平庸的导演能拍得出一部还过得去的电影。但是如果剧本不好，即便是优秀的导演也拍不出好电影来。⑥

---

① 史蒂芬·普林斯：《武士的镜头：黑泽明的电影》，第 132 页。
② 同上，第 134—135 页。
③ 唐纳德·里奇：《黑泽明的电影》，第 79 页。
④ 黑泽明：《蛤蟆的油》，第 184 页。
⑤ 唐纳德·里奇：《黑泽明的电影》，第 81 页。
⑥ 黑泽明：《蛤蟆的油》，第 193 页。

《白痴》的剧本，据曾经与黑泽明合作过《我于青春无悔》的剧作家久板荣二郎说"并不完美"，不幸的是，黑泽明对陀思妥耶夫斯基过于敬畏，改编剧本从一开始就束手束脚。① 黑泽明在 1990 年回忆起关东大地震期间哥哥丙午的建议时坦承：他对陀思妥耶夫斯基的热忱来自这位俄国作家在面对"真实的、可怕的悲剧时"，"表现怜悯的巨大力量，他拒绝视而不见，他直面悲剧，与受害者感同身受，他更像是悲悯的上帝而不是普通人。"②

黑泽明尊崇《白痴》超过他的其他任何一部电影，他的精神导师山本嘉次郎的描述更加有力地说明了这一点。山本说，黑泽明躲在伊豆的热海的一家传统的日式小旅店里，像小时候练毛笔字那样重新拿起"毛笔"在"两米长的卷轴信纸"上书写剧本，他还从来没这么做过，当时久板荣二郎也很高兴地加入了剧本改编。"那时黑泽明把《白痴》读了好几遍……他的画面感更加强烈。"③ 但是小说能否直接翻译并拍成电影则尚成疑问——黑泽明的《白痴》是纯粹的直译，避免留下个人印记，这与他后来改编莎士比亚、艾德·麦克班恩、马克西姆·高尔基和其他作家的作品不同。陀思妥耶夫斯基自己的一句话——"什么也没发生，但又好像发生了很多事情"——强调了心理学的核心之谜。④ 这可能与《罗生门》中的另一个心理之

---

① 斯图尔特·加尔布雷思：《天皇和狼：黑泽明与三船敏郎的生活和电影》，第 144 页。
② 同上，第 143 页。
③ 同上。
④ 费奥多尔·陀思妥耶夫斯基：《白痴》，大卫·麦达夫（David McDuff）译，伦敦，2004，第 598 页。

黑泽明和《白痴》剧组合影(从左到右:黑泽明、志村乔、原节子、文谷千代子、森雅之、三船敏郎)

谜有冲突，黑泽明显然已经被这个题材吸引，他觉得自己已经准备好解读这个谜。

陀思妥耶夫斯基的梅什金变成了黑泽明的龟田，由森雅之饰演。原著中在瑞士医院治疗癫痫症的梅什金回到圣彼得堡，而龟田则是在一次疾病发作后，从热带的冲绳旅行至大雪冰封的北海道。和小说中一样，龟田在火车上遇到了一个热情的年轻人（三船敏郎饰演的罗戈津，电影中的角色叫赤间），听说了有一位美貌惊人的姑娘叫那须妙子（由原节子饰演，这是她与黑泽明第二次、也是最后一次合作）。全剧情节围绕着妙子展开，妙子即原著中的娜斯塔西娅·菲果波芙娜。黑泽明的处理方式把一位本可以与萨克雷的贝基·夏普、托尔斯泰的安娜·卡列尼娜、福楼拜的包法利夫人比肩的女性代表人物，变成了演技平平的琼·克劳馥式的表演。龟田和赤间都爱上了妙子，同时龟田又爱上了他唯一的一个亲戚家的女儿绫子（久我美子因为出演了《泥醉天使》而为观众熟知）。原著中有很大篇幅谈到了无政府主义和基督教精神，还有与圣彼得堡相关的社会批评，黑泽明的电影则变成以绫子为交集的维恩图，这幅图里交织了三角恋故事并去掉了原著中许多有趣的次要人物。

通过改编小说，他努力把它拍成一部"主要表现内在的、心理活动的电影，《白痴》如果能拍成电影，那也是陀思妥耶夫斯基的著名作品中最难以转成电影的作品"，但是最后拍好的电影却引来了松竹公司[①]的愤怒，松竹本来是在《丑闻》后与黑泽明签订了拍摄第二

[①] 松竹公司：日本电影企业。以下简称"松竹"。

部电影的合同。① 黑泽明把剪辑好的长达 4.5 小时的片子交给松竹，原本希望能够分成两集放映，但是公司要求他把电影压缩到 3 个小时——即使如此，剪辑还是没有满足松竹的要求，未经黑泽明的许可，他们把片子又剪短了 20 分钟。剪辑后的《白痴》公开放映了，但是对那些未读过原著的观众来说很难理解，特别是电影开始的几幕场景都被复杂的、不断出现的字幕所取代。当黑泽明看完剪辑好的片子后，用山本嘉次郎的话说就是"从未见过黑泽明那么愤怒"。② 很多影评家则认为，从剪辑后留下来的版本里，我们并没有看出这是一部被毁掉的佳作——如果你愿意，可以称其为黑泽明的《安伯逊情史》——而是：

> 一部令人难堪的糟糕电影，表演矫揉造作……摄影非常循规蹈矩，电影给人戏剧之感。③

把森雅之在黑泽明的下一部电影《生之欲》中表演的一幕和他在这里的表演比较一下，就可以看出，他没能够把梅什金演活。渡边堪治是个小公务员，患有胃癌，他为了完成一个项目拼尽最后的力气，一群黑帮恶棍则想办法要终止这个项目，当他们对峙时，渡边堪治一句话也没说，仅靠他出色的面部表情，就把那帮小混混吓跑了。

这是黑泽明真正体现陀思妥耶夫斯基的场景，《白痴》则缺少这

---

① 斯图尔特·加尔布雷思：《天皇和狼：黑泽明与三船敏郎的生活和电影》，第 145 页。
② 同上。
③ 史蒂芬·普林斯：《武士的镜头：黑泽明的电影》，第 139 页。

样的场景（除了黑泽明创造的、原著没有的一个小场景：龟田和赤间在赤间母亲家喝茶那一幕）。

黑泽明自己并不接受影评界对此片的抨击。"至少作为娱乐片，它并没有失败，"他说道。虽然他也承认《白痴》在日本和美国收到很多不好的评论，这些差评预示了他以后还会受到更多批评，"即使如此，"他继续说，"哪怕有一位影评家能够有一点欣赏这部电影，我就很高兴了。"① 里奇就发现了闪光点，"如果没有《白痴》中的尝试、失望、错误和不确定性，《生之欲》（一年半后公映，'一部无与伦比的佳片'）可能还拍不出来呢。"② 毫无疑问，《白痴》让黑泽明经历了一次很大的挫折。"《白痴》完全毁了。"他承认。③ 他和松竹的合作关系已无可挽回，大映也取消了拍摄另外一部电影的合约，他最后总结说："有一段时间，我霉运不断。"他给自己放假去多摩川——才几分钟却把鱼竿折断了。他极度沮丧，到家时"连打开房门的力气几乎都没了"④。

还好这种沮丧的心情并没有持续太久。1950年9月，黑泽明正在北海道拍摄《白痴》，传来了《罗生门》在威尼斯电影节上获得大奖的消息。获奖并受到一些赞美的鼓舞，RKO与大映签约，获得在美国的发行权。通常，在美国发行需要英文字幕（那时还没有译制片），这是美国放映的第二部这样的电影（第一部是《纨绔子弟》于20世纪30年代放映，由当时的好莱坞巨星莫里斯·切瓦力业主演）。RKO

---

① 唐纳德·里奇：《黑泽明的电影》，第85页。
② 同上。
③ 黑泽明：《蛤蟆的油》，第187页。
④ 同上。

的卓有成效的推动、影评界的好评、良好的口碑和形势大好的票房（《罗生门》第一次在纽约的小卡耐基剧院上映，在 3 周之内收获了令人惊讶的 35 万美元票房的佳绩），不仅为黑泽明和与其合作的电影公司提供了一个国际性的平台，让新作品和他以往的作品得以在 20 世纪五六十年代在海外发行，而且让一些年轻人，如乔治·卢卡斯、史蒂文·斯皮尔伯格、马丁·斯科塞斯和弗朗西斯·福特·科波拉等接触到黑泽明的作品，他们在 20 世纪后半期走上自己的电影之路时，都承认受到了《罗生门》以及后来被称为"黑泽明黄金时代"所拍电影的影响，并且在黑泽明最需要帮助时向他伸出了援助之手。尤其是乔治·卢卡斯，他年轻时就是黑泽明的粉丝。《现代启示录》的编剧约翰·米利厄斯激发了卢卡斯对黑泽明的热情，他说他既"喜爱黑泽明历史电影里的那些形式化的剑斗场面"，也为电影的主题所着迷——"对主人忠心，荣誉感，武士之间互相尊重，忠实于武士道"，这些都对卢卡斯拍摄处女作《五百年后》产生了影响。[1]

《罗生门》的成功，在某种程度上也是一把双刃剑，它引起的一波批评浪潮伴随着黑泽明的后半生。《罗生门》还获得了美国"奥斯卡最佳外语片奖"，引起了一些日本影评家的批评，他们说："这两个奖不过是反映了西方人的好奇心和对东方异域风情的爱好而已"。[2] 这些批评认为黑泽明受到西方电影的影响过多，只是一味迎合外国观众的口味，要么给外国观众他认为他们需要的、用日本人的方式

---

[1] 约翰·巴克斯特（John Baxter）:《乔治·卢卡斯：个人传记》（*George Lucas:A Biography*），纽约，1999，第 73 页。
[2] 黑泽明:《蛤蟆的油》，第 187 页。

拍摄他们要看的电影，要么通过强调那些西方观众喜欢的或者最容易理解的日本元素来呈现对日本的观点，各种借口不一而足。例如，"法国新浪潮"选择大力颂扬他们认为最能代表日本的导演，如小津安二郎和沟口健二，其中尤其是让-吕克·戈达尔则极力诋毁黑泽明"有诱惑性，但微不足道的……异国风情"，讥讽赋予他的"虚假的声誉"。① 这些批评到 20 世纪 70 年代达到顶峰，大岛渚对他进行了言辞激烈的攻击："黑泽明把日本电影带给西方观众，意味着他一定是在迎合西方的价值观和政治。"② 大岛渚后来态度软化，随着时间的推移，他们的关系逐渐改善，各自承认对方作为导演都遭受了日本电影产业巨大变化之苦。

随后的 30 年里，黑泽明的大多数电影都在国际上发行，《罗生门》之前的电影也被再版发行，并在国际上获得成功，在此基础上电影又被重新评价。这些成功在很大程度上要归功于那位"突然冒出来的天使"：朱丽安娜·斯特拉米杰利。③

她当时是意大利电影公司（Italiafilm）驻日本办公室的负责人，她几个月前看过这部电影，要求把《罗生门》提交到威尼斯电影节评奖。那个时候，《罗生门》在日本票房不佳，它的获奖让永田雅一和大映都惊愕不已，他们曾认为这部电影"非常小众"，外国观众不可能会观看或理解。《罗生门》击败了来自 14 个国家的参赛电影，包括让·雷诺阿的《大河》，罗伯特·布列松的《乡村牧师的日记》，伊利

---

① 让-吕克·戈达尔（Jean-Luc Godard）：《戈达尔之戈达尔》（*Godard on Godard*），汤姆·米尔恩（Tom Milne），纽约，1972，第 70 页。
② 琼·梅兰：《七武士》，伦敦，2008，第 65 页。
③ 斯图尔特·加尔布雷思：《天皇和狼：黑泽明与三船敏郎的生活和电影》，第 136 页。

第四章
1950 年：世界的电影

亚·卡赞的《欲望号街车》，比利·怀尔德的《倒扣的王牌》，它能把"金狮奖"捧回日本真是出乎所有人的意料。

带着《罗生门》，黑泽明回来了。他谈到电影在国际上的成功"就像把水倒入正在酣睡的日本电影业的耳朵里"。① 获奖当然给了他一个平台，或许当时他非常需要这样的平台（考虑到《白痴》当时惨败的情况），帮助他创造出当今世界电影史上最伟大的作品中的两部。

---

① 黑泽明:《蛤蟆的油》，第157页。

第五章
1951—1954 年：功成名就

> 再没有比作者的作品能更好地说明作者的了。①

黑泽明的自传《蛤蟆的油》到《罗生门》就终止了，他让读者们到"《罗生门》以后的作品的人物中，去认识《罗生门》以后的我……再没有比作者的作品能更好地说明作者的了。"②

我们有必要想想黑泽明在他事业的这个时期会有怎样的想法，他已经非常接近最伟大的成功了。他身材高大，对他而言"椅子、凳子和床都太小了"，他长着"大大的鼻子……大大的耳朵，小小的眼睛长在长而阔的脸上显得更小了"，不过黑泽明是个"容易笑"③的人。《七武士》完工后召开了庆祝会，这时他已年过四十，为人夫也为人父——他的儿子黑泽久雄已经五岁，妻子黑泽阳子也即将生下女儿黑泽和子，需要指出的是黑泽明一直待在庆功会上，在朋友的陪伴下

---

① 题记来自黑泽明的传记《蛤蟆的油》，纽约，1983，第189页。
② 同上。
③ 伯特·卡兰度（Bert Cardullo）主编，《黑泽明访谈》（*Akira Kurosawa:Interviews*），密西西比，杰克逊，2008，第6页。

喝得大醉，而不去迎接即将出生的女儿。①《生之欲》发行后不久，他搬到了狛江，一个有7间卧室的大房子，阳子的母亲和妹妹也住在这里，还有一位住家的管家，"黑泽明甚至都可以一次邀请几个客人来住上几个月"，这说明拍电影已经给他带来了不菲的收入（或许他应该得到的更多的，如果考虑到后来与因拍《七武士》而产生的收入官司）。② 他特别在乎个人隐私（在拍《丑闻》之前媒体上曾曝出有关他和女演员的传言，或许这促使他的自传到此为止，或许这令流言更盛），此后一生，他竭力保护自己的隐私，确保家人远离自己的工作。这种距离感当然也对家庭生活带来影响，阳子负责养育孩子、操持家务，黑泽明则专心工作。后来妻子去世，能够让黑泽明成功的核心发生了改变，他已无法保持以往拍片的快节奏，他越来越依赖已成年的孩子们——这说明多年来黑泽明在家庭生活中的缺失，他是靠阳子照料家庭的。如此说来，黑泽明之所以能在国际电影的舞台上获得盛誉，或许是因为他对事业全身心地投入。

　　这种全身心的投入非常重要，因为它为我们评价黑泽明提供了多个视角：黑泽明为《罗生门》里的大门的规模操心；他花了6个星期修改《七武士》剧本，为了保持拍好的胶片完整而与制片厂高层斗争；他让演员住在片场，在拍摄过程中让他们处于角色状态；他辛辛苦苦俯身趴在桌上写剧本，身体不适、殚精竭虑多次入院治疗；人们称他为"天皇"，乘车进入东宝时，人们向他的车鞠躬致意，他欣然接

---

① 斯图尔特·加尔布雷思：《天皇和狼：黑泽明与三船敏郎的生活和电影》，伦敦，2002，第191页。
② 同上，第164页。

受；他对演员非常苛刻——例如三船敏郎，他描述拍摄《七武士》的高潮打斗戏时就像"发生了战争"。① 多年来，黑泽明与电影《虎！虎！虎！》灾难般的纠葛可以很清楚地展现种种执着，他为拍片的主动权竞争，竭力以他过人的天赋和疯狂的执着成就自己的荣誉。

还有一点，再回到黑泽明自己说的"让读者到他的角色中找他"：考虑到父亲几年前去世，自己也做了父亲而且已年过四十，不难理解为什么他的思考方向转向了死亡和遗产，这正是《生之欲》所讨论的——虽然，与此同时，《生之欲》想法是始于《我于青春无悔》中幸枝的呼喊，"我要找到活着的感觉。""有时候，"黑泽明写道，"我想到了自己的死。我想到离去……就是这些让我产生了拍《生之欲》的想法。"②

就像他多年来一直做的那样，这次在冬天，他躲到了箱根的一家日式旅馆里写《生之欲》的剧本。和他同行的是《罗生门》的合作者桥本忍和小国英雄——一位新编剧，后来他和黑泽明合作了几次一直到《乱》。（"他为什么把我带到这么冷的地方，"小国英雄说，"真不明白啊，我的手套在浴室里都结了冰。"③）受到托尔斯泰的作品《伊凡·伊里奇之死》的启发，黑泽明向两位编剧解释了剧本的初衷是描写"一个人知道自己将不久于人世，但是他要找到能让自己在最后的时光活下来的理由。"④ 桥本忍希望把这个角色设定为山口

---

① 斯图尔特·加尔布雷思：《天皇和狼：黑泽明与三船敏郎的生活和电影》，第 156 页、183 页。
② 唐纳德·里奇：《黑泽明的电影》（*The Film of Akira Kurosawa*），加利福尼亚，伯克利，1965，第 86 页。
③ 斯图尔特·加尔布雷思：《天皇和狼：黑泽明与三船敏郎的生活和电影》，第 156 页。
④ 同上。

组（日本的黑帮）成员，不过被更加强势的小国英雄说服，小国英雄被黑泽明看成"领航员"，最终他们把角色定位在一个政府小职员身上。① 小国英雄还提出另外一个重要的改变，把主角的死放在电影的中间，而不是结尾的高潮。写剧本的过程中曾经有过激烈的冲突，黑泽明甚至把遭到小国痛批的稿子撕得粉碎，最终三人还是达成了共识，写出了让彼此都满意的剧本。电影在1952年1月中旬开拍，中间有短暂的停顿，到9月中旬完成。

电影开始，画面展现的是一张X光片。这是渡边堪治（志村乔饰演，很多人认为这是他最成功的角色）的X光片，他很快就会知道自己患了癌症，将不久于人世。渡边堪治是一个"平凡的小官僚、鳏夫、没有朋友"，一名政府市民科科长，几十年来埋在文件堆里"踢皮球"。② "他像一个行尸走肉"，旁白说，"实际上他已经死去25年了。"③ 电影顺着这个脉络继续下去，我们可以了解渡边堪治过去的生活。镜头转向了抽屉里一个被遗忘了很久的、本来是为提高办公效率制订的计划书。接下来的场景是，家庭主妇们申请把一个污水坑填平，在上面建一个儿童游乐场，主妇们和她们的申请书在政府部门里开始了一段狂欢式的、或者说令人沮丧的"旅程"。后来，从渡边堪治的儿子和那个不承认渡边堪治贡献的副市长身上，我们看到了"黑泽明式的、谁都逃不脱的辛辣嘲弄"。④ 不过，《生之欲》远非讽刺地方政府那么

---

① 斯图尔特·加尔布雷思：《天皇和狼：黑泽明与三船敏郎的生活和电影》，第156页。
② 彼得·考伊：《黑泽明：电影大师》，纽约，2010年，第73页。
③ 黑泽明：《七武士和其他剧本》（*Seven Samurai and Other Screenplays*），伦敦，1992，第10页。
④ 彼得·考伊：《黑泽明：电影大师》，第73页。

简单。

　　医院候诊室里，一位病人（渡边笃饰演）和渡边堪治闲聊，对他说如果病人得了癌症，医生会说怎样善意的谎言。他默默地在座位上动来动去，显示出他越来越不舒服（当然，医生的确对渡边堪治撒了谎）。从那个时刻起，渡边堪治决心找个方式度过余下的日子——即便酒像毒药般伤身，也要喝酒消愁；想办法把以前攒的钱花掉，这些钱已经没有用了；从别人的陪伴里寻找活着的意义，他找了一个年轻姑娘陪伴；最后他终于找到了一件能做的、真正伟大的事情。

　　就像《泥醉天使》与《天国与地狱》那样，黑泽明把《生之欲》分成了两段，渡边堪治在电影的中间就死了。第二部分发生在上一幕的6个月以后，主要讲渡边堪治的守灵仪式之后发生的事。他的家人和同事参加了仪式，在仪式上，人们可以以活泼的和批评的方式谈论死者。守灵仪式给了我们了解渡边堪治是怎样度过最后的日子的机会。同事们对他或真或假的认识，里奇称为"他们的借口、时不时掩盖真相"，还有"他们最后拒绝承认真相和渡边堪治所做的一切"。①欣慰的是，旁观者，那群在守灵仪式上跪在祭坛前的主妇们知道真相。一个让人深思的结尾：镜头最后一次展示了渡边堪治生前工作的部门，他的勇气是否能够改变周围的风气，观众已经了然于胸，不过由日守新一饰演的木村，还是给观众带来一丝希望。观众可能因他在《丑闻》里饰演的编辑浅井一角而认出他来了。木村没能与他的新上司抗争，不过他的眼神停留在了能够俯视游乐园的那座桥上，正是

---

① 唐纳德·里奇：《黑泽明的电影》，第89页。

在电影《生之欲》中,渡边堪治在医院候诊室里的场景

由于渡边堪治的支持，才有了这座游乐园，这预示着未来可能会有所不同。

第一次看《生之欲》可能很难说得出是什么让这部电影如此特别。"看了《生之欲》后，它改变不了你吗？"加尔布雷思问道，"或者电影的效果就像渡边堪治对同事们的影响一样吗？"① 电影中有很多优秀的场景，确切地说，如表现渡边堪治和儿子关系的直白方式，渡边堪治和戏中由伊藤雄之助饰演的作家纵情声色时，让人回忆起了詹姆斯·乔伊斯的《尤利西斯》中的"不夜城"部分。还有志村乔发表的关于什么是事业的片段——"移情、可爱、心碎、振奋交织"。② 他得到了小田切美喜饰演的同事小田的大胆支持，她无意中激励了渡边堪治，让他勇敢地、义无反顾地支持修建游乐园的计划。前面提到的伊藤饰演的作家，他代表了黑泽明的另一种观点。他说：

> 迄今为止你还是生活的奴隶，现在你将成为生活的主人。人的职责就是要及时行乐，否则就违反了天性。人必须对生命有贪念。我们被教育说贪念是不道德的，实际上并非如此。有生存下去的贪念是一种美德。③

此外，如果我们认真地在电影中寻找黑泽明，《生之欲》给我们带来了之前电影中所没有的：

---

① 斯图尔特·加尔布雷思：《天皇和狼：黑泽明与三船敏郎的生活和电影》，第159页。
② 同上，第162页。
③ 黑泽明：《七武士和其他剧本》，第20页。

> 两个他之间令人不安地休战了：一个他（《丑闻》《活人的记录》《懒夫睡汉》）主张，整个社会的努力才是答案；另外一个他（《罗生门》《在底层》《天国与地狱》）则很清楚，事实并非如此……①

《生之欲》的特别之处在于"道德上完整的洞察力，通过一个形式结构来定义、分析并质疑它而表现出来"：

> 《生之欲》是黑泽明在形式上最具突破性的电影之一，也是他探寻人性和人的情感道德最深刻的电影之一，尤其是通过电影画面呈现出来。②

黑泽明的多部电影都贯穿着人性主题，其中《生之欲》是最好的一部，它向观众展示了当一个人下定决心时，他可以取得多么大的成就——但是它的呈现还是在特定的环境里实现的，正如帕特里克·克罗根所说：

> 对一个有问题的、但是却无法避免的人性的设想进行强有力的质疑，深入我们共同的基本特质、社会需求和价值观中。只要我们不遗忘这种设想的共通性，差异、"他者"和"不可转换性"

---

① 唐纳德·里奇：《黑泽明的电影》，第95页。
② 史蒂芬·普林斯：《武士的镜头：黑泽明的电影》，新泽西，普林斯顿，1991，第100页。

电影《生之欲》是黑泽明贯穿人性主题的众多电影中最好的一部

的危险就会被消除。①

《生之欲》在日本赢得了多方好评，在商业上也获得了成功，它获得《电影旬报》评选的"最佳电影奖"，又获得了第四届柏林国际电影节"银熊奖"。电影的影响力还在不断扩大。作家兼制作人文斯·吉利甘说，《生之欲》对他的那部广受赞誉的电视系列剧《绝命毒师》影响巨大——虽然《生之欲》和《绝命毒师》的主角走的是完全不同的两条路。他在美国国家公共广播电台《新鲜空气》节目上说：

> 我认为《生之欲》和《绝命毒师》的共同点在于：如果我们知道了生命的尽头何时到来，或者我们何时会离开人世，那么我们就会变得更加大胆、勇敢，不管是好事，还是坏事。②

黑泽明享受电影的成功所带来的喜悦的时间并不长，电影公映不到一个月后，他的母亲黑泽缟去世，享年82岁。

在黑泽明的专业生涯中，有一些朋友和同事在银幕内外陪伴他、与他合作。这些人被称为"黑泽明组"。这些人中有摄影师中井朝一，他与黑泽明从《我于青春无悔》到《乱》都有合作；场记村木四郎，他在拍摄《泥醉天使》时进入剧组，一直到黑泽明导演生涯结束。"黑泽明组"包括了电影制作的各个环节的工作人员，当然也包括演

---

① 帕特里克·克罗根（Patrick Crogan）："解读黑泽明"（*Translating Kurosawa*），www.senses of cinema.com，2000年9月。

② 采访："绝命毒师：文斯·吉利甘的兴奋剂与道德"（"Breaking Bad: Vince Gilligan on Meth and Morals"），www.npr.org，2011年9月19日。

员。黑泽明信任这些围绕他身边的人的判断力，他在拍电影的每个阶段，都能从他们身上发现不同的视角和知识。最好的证明就是《七武士》，这部电影集合了"黑泽明组"的力量。

黑泽明一直怀有拍一部"时代剧"（中文意思是指古装剧）的愿望——不过大多数被归为"时代剧"的电影，实际上应该称为"Chambara"（武士刀剑片），即里奇称为"简单的剑术大战电影"——黑泽明和桥本忍、大竹宏、本木庄二郎等制作人员一起构思，希望找到合适的素材。比如，一个武士的一天，到日本历史上最伟大的剑道流派柳生家族的历史。① 最后他们读到了一个农民雇佣武士保卫村庄、打败强盗的故事。受此启发，1952 年 11 月黑泽明带上桥本忍和小国英雄躲到热海的日式小旅馆里，专心写剧本。围坐在长桌边，3 个人一页页地写，交换看、交流意见，汇集最好的想法。接下来的 45 天里，他们就这样从早上 9 点写到下午 5 点，既不接电话，也不见访客（其间只有三船敏郎来过几次，或许他的到来促使他们创造了菊千代这个角色，由他来饰演，初稿中其实并没有这个人物）。黑泽明说："写剧本就像跑马拉松，一步一步往前，如果不停，最后就能完成它。"② 就像马拉松，剧本合成的过程非常辛苦，黑泽明感到精疲力竭，最终他还病倒了，入院治疗一小段时间。终于截稿了，桥本忍说：

> 我觉得我再也不会写出比这更好的剧本了。另一方面，我想

---

① 唐纳德·里奇：《黑泽明的电影》，第 97 页。
② 斯图尔特·加尔布雷思：《天皇和狼：黑泽明与三船敏郎的生活和电影》，第 172 页。

> 既然写这个剧本这么辛苦我都挺过来了,还有什么不能写的呢。①

除了多达 500 页的、没有用剧本方式写的讨论稿外,黑泽明还为每个村民写了传记。

虽然从很多方面讲,《七武士》的情节都"令人难以置信的简单",随便了解一点历史背景就可以看懂电影了。②电影开场的字幕就指出了"战国时代是指日本内战时期",从 1467—1568 年持续了 100 年的时间。③那时,各个相邻家族间爆发了一系列的战争,整个日本饱受战争蹂躏,每个家族都由大名领导,手下统领了成千上万的武士,对他们发号施令。如果大名被击败,他的武士将被屠杀,或四散逃亡,在全国各地流浪,找其他工作;或者选择走上电影中那帮强盗的路,靠掠夺村庄为生;或者选择走上更加孤独的、寻求精神生活的路,就像《七武士》名义上的首领勘兵卫那样。琼·梅兰写道:"黑泽明把电影放在了一个充满变化、动荡不安的时代,全社会的希望和出路就是要形成一个统一的国家。"④此外把它与一些相似的动乱时期比较,如同时期的法国圣巴托洛缪大屠杀,黑泽明强调了很多人都会有同感的一点——任何动荡不安都不会永远的持续下去,没有一成不变的生活。当然,这并不是说,每个人都在受苦,只有农民们能蓬勃兴起,就像电影中表现的那样。黑泽明通过自己非常"高超的技术、对历史全方位的掌控",把 100 年间充满动乱、动荡不安的历

---

① 斯图尔特·加尔布雷思:《天皇和狼:黑泽明与三船敏郎的生活和电影》,第 173 页。
② 琼·梅兰:《七武士》,伦敦,2008,第 7 页。
③ 黑泽明:《七武士和其他剧本》,第 69 页。
④ 琼·梅兰:《七武士》,第 14 页。

史浓缩成容易理解的动作片、娱乐片的背景,具有开创性。①

故事通俗易懂、制作精良、引人入胜。在3个小时的电影里(最常见的发行版本),我们看到,村民雇用了7个浪人——没有藩籍的流浪武士,因为某种原因被他们的大名赶走——来保护家人、收成和家园免受强盗的侵害(这些强盗也是浪人,于是问题就来了:《七武士》中究竟有多少个武士)。黑泽明在电影中穿插了很多的思考,如武士道文化和农民文化的对比;对武士道精神的忠心;男人之间情谊的故事;无私、忘我与成长;关于个人主义和集体主义的思考;自我定义的重新思索。关于自我主题,黑泽明从《姿三四郎》、当然也是从《我于青春无悔》开始就一直在探索。

武士道和农民文化的对比特别有趣。《七武士》是逝去的武士道精神的挽歌——实际上,如前面所说,武士就是浪人,7个前来拯救村庄的武士,是真正的武士道精神的代表。这些武士不仅代表了武士道精神的不同方面,而且他们每个人以自己的方式,诠释了黑泽明"情感上的武士道精神"。②从勘兵卫的无私,他提议农民必须牺牲村子外围的3栋房子,到对宫口精二饰演的久藏的描写——"英勇无畏、武艺高超又宽容大度"——武士,完美英雄的代表,逐渐淡出人们视线的形象,在这一瞬间定格,即将永远消失,黑泽明让观众觉得这是日本的悲剧。

另外,农民则是多疑、卑鄙、现实、怯懦和自私的形象。村民们尽管同意村里的长者雇用武士保护他们的建议,但当武士们第一次来的

---

① 琼·梅兰:《七武士》,第16页。
② 同上,第21页。

时候，多数人还是躲起来了（是三船敏郎饰演的菊千代摇着铃警告强盗来了，才把他们骗出来）。后来，菊千代发现了隐藏武士盔甲和武器的地点，这说明村民们曾经杀死过独行的武士。菊千代，我们后来得知他并非真正的武士，实际上他是农民的后代，在这点上，他起到了非常重要的作用，给我们机会从农民和武士的角度去思考菊千代的发现。而勘兵卫的形象让两个阶层的对比更加强烈、复杂，他是武士道精神的化身，有些评论觉得他是电影中最接近黑泽明本人的角色。他坚持牺牲村子外围的3栋房子来引诱强盗，面对村民们的怒火，勘兵卫对他们说，必须团结一心，否则整个村庄就会陷落。这也就是为什么五郎兵卫，"勘兵卫的另一个自我"，迫使他们要集体生活和做工。[1]就这点而言，《七武士》逆转了《生之欲》的主题，反对个体的、存在英雄主义行为的可能性。[2]

当然，电影的高潮部分，在瓢泼大雨中，已经很难分清武士和农民，这很有可能也是黑泽明想要做到的，（"不过需要说明的是，最后的雨中混战是代表了电影艺术的最高成就之一的片段。是混战但绝非混乱，无序中又井然有序。"[3]）尽管两个不同阶层联合起来了，但鸿沟依然存在——或许当万造发现女儿与胜四郎发生了关系时怒不可遏最能证明这一点——鸿沟无法消除，所以在电影最后，尽管武士们"胜利"了，但他们却觉得自己输了。

对现代观众而言，《七武士》最令人惊讶的一点是黑泽明场景

---

[1] 琼·梅兰：《七武士》，第25页。
[2] 史蒂芬·普林斯：《武士的镜头：黑泽明的电影》，第210页。
[3] 唐纳德·里奇：《黑泽明的电影》，第104页。

推进之快。在开场镜头里,我们看到的画面一半是黑暗的,强盗们呼啸而来,穿过整片银幕到了高潮迭起的战场——为了把动作画面正好置于观众的腿部上方,黑泽明使用了长焦镜头,这在1954年是奇迹——一个镜头都不多余。他用了很多方式来设定电影的节奏,使用了快切、伸缩式镜头(我们刚刚看到在平八的葬礼上,菊千代把旗子插在了最近的房顶上,随后就看到强盗们骑马翻过山,整体氛围从"凄惨的悲痛一下子转到了激烈战斗的亢奋中")。当然,在这个场景中黑泽明运用的技法已经使用了十多年了。① 黑泽明很会讲故事——他对观众充满感情,并且知道什么是观众所能理解的——他用了一些标志(如勘兵卫的地图),让观众了解每个时刻正在发生什么。但是真正让这部电影比其他电影优秀的原因,是那些几乎只有上帝才能创造出的片断,例如,前面的场景在几个小时后又能呼应起来(例如,请注意电影开头被勘兵卫杀死的那个拐卖孩子的人的姿势,与电影结尾菊千代被杀时的姿势的相似性),或者有些镜头好像根本无需赘述(老妇人为复仇杀死了一个强盗,还有那个优美的、令人迷惑的一幕:我们看到在强盗巢穴里一个妇人醒过来了,后来我们得知这是一位村民的妻子,她宁愿投身火海也不愿意带着被囚禁时所遭受的屈辱活着)。

花了3个月找到合适的外景地后,于1953年5月27日开始拍摄《七武士》,一直到1954年春天才结束。期间有两次中断,一次是黑泽明因劳累过度在木下医院住了两个月;还有一次是在9月,他发现电

---

① 唐纳德·里奇:《黑泽明的电影》,第103页。

电影《七武士》,注意电影开头被勘兵卫杀死的那个拐卖孩子的人的姿势,与电影结尾菊千代被杀时的姿势的相似性

影才拍摄了三分之一，预算已经用光了。① 对黑泽明来说，资金预算出问题也不奇怪，在东宝内部就曾经有过讨论，是否需要解除黑泽明的导演职责，原因是人们觉得他太傲慢自大了。

《七武士》的拍摄对黑泽明而言也是一个考验。他使用了三组摄影——一组是"常规"的拍摄，另一组拍动作戏，还有一组是游击队——在旁边使用前面提到的长焦镜头拍摄（黑泽明喜欢远距离拍摄一群演员，目的是最大程度地鼓励演员在现场能够表演真实）。黑泽明被迫把雨中决战的高潮戏推迟到电影制作的最后阶段才拍摄，原因是他担心那些对电影还没完成就不抱希望的东宝高层一旦得知拍完了，就会让他马上停机。

在电影拍摄期间，媒体也极为关注，这引起黑泽明的愤怒，当电影首次在日本公映时，出现了一些刻意的曲解（影评界不满他对农民的描绘，抨击电影表面上讲内战，实则是狡猾地指向"当前纷乱的时代"）。② 但是这些都阻挡不住电影大获成功。在日本，《七武士》是那年票房最高的电影——试想当时它都击败了像《哥斯拉》这样的电影，真是了不起。在国外，它获得了两项奥斯卡提名奖，1961年，还被改编拍成了《豪勇七蛟龙》（大多数影评家都认为它是拙劣的模仿，据说黑泽明本人也不无轻视地说"西部枪手不是武士"③）。在所有电影中，该片也是黑泽明自己非常喜欢的，《七武士》作为史上最伟大的电影之一，直至今日还是"人类精神的史诗"。④

---

① 斯图尔特·加尔布雷思：《天皇和狼：黑泽明与三船敏郎的生活和电影》，第184页。
② 唐纳德·里奇：《黑泽明的电影》，第108页。
③ 斯图尔特·加尔布雷思：《天皇和狼：黑泽明与三船敏郎的生活和电影》，第196页。
④ 同上，第103页。

黑泽明拍摄《七武士》的现场

第六章
1955—1957年：黑暗和失望

> 我好像失去了自己的另一半。①

《七武士》放映11个月后，黑泽明开始拍摄新片《活人的记录》，不过在11个月里黑泽明也并未停下脚步。他写了两个剧本，分别是《消失了的士兵》和《桧柏的故事》，这两个剧本都在1955年被拍成电影。②这个时期的日本国内躁动不安，就像《丑闻》一样，社会的躁动不安也引起了黑泽明的思考。

虽然距广岛和长崎原子弹爆炸已经过去了10年，但是核毁灭的威胁并没有消退。随之而来的朝鲜战争唤醒了人们的恐惧，美国、苏联和英国在太平洋核试验的次数不断增加——1954年3月，美国核试验发生事故，大量的放射性灰尘掉落到一艘载有23名船员的日本渔船上，事故还导致了日本全国性的金枪鱼召回事件。尽管日本政府同意启动第一个核反应堆计划，日本民间力量还是开展了反核运动。

---

① 题记来自唐纳德·里奇：《黑泽明的电影》（加利福尼亚，伯克利，1965），第112—113页。
② 斯图尔特·加尔布雷思：《天皇和狼：黑泽明与三船敏郎的生活和电影》，伦敦，2002，第678—679页。

"当带有放射性物质的雨开始落下来时（1954—1955年间多数北半球国家都发生过），媒体和民众简直都已经歇斯底里了。"[1] 作为商业导演，黑泽明很敏感地意识到这一点。他创作《活人的记录》也有更多的个人原因。

1954年3月，美国在太平洋比基尼环礁试爆氢弹事件几周以后，黑泽明拜访了他的老朋友、作曲家早坂文雄，那时早坂文雄由于身患肺结核，身体每况愈下。毫无疑问，黑泽明是只要投入一件事情中，就变得不近人情的那种人。这个也可以解释他为什么会拼命工作，直到倒下为止——在拍摄《活人的记录》时，他又累倒并住进了医院，就像他拍《七武士》时一样。可以想象在拍《七武士》时，早坂文雄被赶着工作的样子。早坂文雄在病床上写出了300多个交响乐的片段草稿，当时佐藤胜也在，黑泽明却摒弃了这些草稿，并说道："不，这不是我想要的。"考虑到黑泽明矛盾的本性，这个开始被拒绝的草稿最后用到了电影上也并不奇怪。在为《七武士》录制配乐阶段，"不近人情的黑泽明"又出现了，在录音棚里，他一根接一根地吸烟，完全不顾录音部门为了早坂文雄的健康，发出的建立无烟室的号召。[2]

早坂文雄提到了他的疾病与核试验带来的危害有关，黑泽明迸发出灵感，并将此应用在了《活人的记录》上。黑泽明回忆了朋友所说的话：

这个世界变成这个样子了，我们都不知道明天等待我们的是

---

[1] 唐纳德·里奇：《黑泽明的电影》，第109页。
[2] 斯图尔特·加尔布雷思：《天皇和狼：黑泽明与三船敏郎的生活和电影》，第189页。

什么。我甚至不知道怎样继续活下去 —— 我无法确定,不确定,只有不确定。安全的地方越来越少,很快,安全的地方会全部消失。①

与《丑闻》和《泥醉天使》类似,《活人的记录》在写剧本的过程中也几易其稿。开始时电影是讽刺剧,后来变成了悲剧。这种转换在拍摄完成的电影中体现的非常明显,里面包括了几幕颇具戏剧性的场景。在戏中,尤其是三船敏郎用自己的表演创造出了一个非常尖锐的人间戏剧。时年35岁的三船敏郎,饰演了中岛喜一郎这个整日担忧家人会受核武器威胁的日本老实业家。他太过恐惧,甚至想用尽各种办法要把家人转移走、锁起来、储藏起来、装在桶里移民到巴西,他觉得在那里家人才会安全(20世纪50年代很多日本人移民到南美洲,他们相信一旦发生核战争,只有南美洲是最安全的)。

中岛第一次出场是在由三个人主持的一个家庭法庭上,其中一个是志村乔饰演的(家庭纠纷调解员)牙医原田,他很自在地充当旁观者,关注着这个家庭的难题,我们猜测黑泽明的目的就是希望观众做出一些反应。中岛的家人要么自私、冷酷无情,要么很容易就被最能言善辩的、由千秋实饰演的大东说服(这是他与黑泽明第六次合作,之前在《野良犬》《罗生门》《白痴》《生之欲》和《七武士》中出演过角色)。

黑泽明之前的电影里已经有一些冷酷无情的子女形象,最著名的

---

① 唐纳德·里奇:《黑泽明的电影》,第112页。

是在《生之欲》一片中的，在《乱》中也有。《活人的记录》可以算是黑泽明最终接受开拍《李尔王》的排练。当然，《活人的记录》中的叙事方式和节奏都比较别扭，大部分情节都讲述了中岛周旋于自己和几个情妇的家，试图说服她们和他一起移民海外。虽然电影在20世纪60年代早期在美国发行后，三船敏郎的表演引起了影评界的批评，不过这并不是他的问题。实际上，由于电影中旁白太多，需要表演的情节比较少，他的表演受到了限制。不管我们是坐在家庭法庭上，还是坐在中岛一家对面，听他们争辩怎样对付他才好，观众要跟得上故事讲述的速度，而不是目睹任何一方陈述他们的观点。当然，这并不是说，电影就没有了引人入胜的、值得思考的因素。

黑泽明使用了在《野良犬》中用到的天气元素——火辣辣的太阳炙烤着大汗淋漓的人们，中岛从一座房子走到另一座，衬衫贴在后背上，汽车从身边经过，里面的人烦躁地出着汗——在高潮部分观众可以感受到热得有多可怕，已经疯了的中岛盯着太阳产生了幻觉，他认为地球燃烧起来了。黑泽明把镜头直接对准了太阳，他在《罗生门》中就是这样做的。中岛铸造厂的大火渐渐烧起来了，最后烧成了灰烬——火被神化了。太阳只是黑泽明在《活人的记录》中使用的元素之一。核试验威胁才是电影中挥之不去的阴影，天气已经"疯了"，一会儿艳阳高照，一会儿又下起了倾盆大雨。当飞机从头顶上方飞过时，中岛俯身扑在情妇的小婴儿身上，把突然响起的轰隆雷声误认为炸弹爆炸声。

人们不禁好奇《麦克白》——黑泽明改编成了下一部惊心动魄的作品《蜘蛛巢城》——究竟有什么地方引起了黑泽明的注意。《麦

电影《活人的记录》中的场景,中岛盯着太阳

克白》中就使用了天气元素去表现文明已经完全变了样：

> 昨天夜里天气变幻莫测，我们住的地方连烟囱都刮倒了。人们都说听见空中有哀哭的声音，有人听见死亡的奇怪的惨叫声，还有人听见一个可怕的声音预言着动荡和混乱将降临这不幸的时代。昏暗中出现的凶鸟狂叫了一整夜。有人说大地都发热并且颤抖起来了。①

只要中岛有计划，只要他一心要移民巴西，把自己的家人安置在安全的地方，他才能安心。电影中，他的双手才被绑上，眼看着他就变老了。在电影的后半部分，当原田在电车上看到中岛时，他已经神经错乱，嚷嚷着说他心中满是恐惧，已经不能思考了。

《活人的记录》发行后票房不佳，实际上，从票房上看，这是黑泽明到这个阶段最失败的一部作品。日本观众不愿意去思考黑泽明想让他们思考的东西。"我在这部片子上投入了这么多，"黑泽明说：

> 严肃、认真地去拍一个严肃的主题，人们却对此毫无兴趣，这让我非常失望。当我想到这些时，我也明白我们拍得太匆忙了。那个时候，没有谁会严肃地考虑核毁灭这样的事。②

6年以后，在1961年的"柏林国际电影节"上，《活人的记录》

---

① 莎士比亚：《麦克白》第二幕第三场，第54—61页，选自《莎士比亚全集》，牛津，1998。
② 唐纳德·里奇：《黑泽明的电影》，第114页。

受到热烈欢迎。人们终于被电影迷住了,"电影正当其时"。[1]电影中不断重复的中心主题——中岛不得解的担忧逐渐被印象主义的怀疑所取代,电影的高潮部分给人们带来了希望:中岛的情妇带着他们的孩子从三船敏郎饰演的、忧郁的原田身边走过。或许我们有理由担心,不过还有孩子在,电影似乎在说,只要有孩子在就有希望。黑泽明以前在《罗生门》《泥醉天使》和《生之欲》等电影中都用孩子代表希望,将来在《红胡子》中还会再次这样做。

不管你能不能在电影中看到希望,毫无疑问,《活人的记录》的情节有些松散和混乱。如果早坂文雄没有在41岁时过早离世(那时候电影才拍好三分之二),或许能够解决这些混乱,黑泽明说他非常伤心,结果最后完成的片子至少有"部分失败"[2]。拍摄完成后,黑泽明再次精疲力竭。"真的,"他说,"那个时候,我好像失去了自己的另一半,我和早坂君已经分不开了。"[3]更为重要的是,早坂文雄勇于挑战黑泽明,当他觉得黑泽明不对时,会毫不客气地指出来。随着黑泽明的名气越来越大,愿意提出不同看法的人变得越来越少,顺从的人日渐增多。这些顺从的人在随后的20年带来的影响是灾难性的。不过,那个时候,佐藤胜继承了导师的事业,在之后的10年里一直追随黑泽明,参与制作了他的大多数电影。实际上,即使黑泽明离世以后,他还继续着黑泽明的电影事业,并在1991年为黑泽明最后的剧本之一《雨停了》配乐,同年他也离世,享年71岁。佐藤胜给《蜘蛛巢城》

---

[1] 唐纳德·里奇:《黑泽明的电影》,第114页。
[2] 同上,第111页。
[3] 同上,第112—113页。

第六章
1955—1957年:黑暗和失望

的配乐获得好评,电影使用了硬质的咔嗒声和不和谐的哨声组合开场,给后面的谋杀和疯狂场景营造了紧张的氛围。

就像《白痴》预示着《生之欲》和《七武士》一样,《活人的记录》也预示着《蜘蛛巢城》,这部电影被认为是对莎士比亚作品改编得最成功的电影之一,不过多年以后,很多人对这部片子是否应该归入莎士比亚作品改编之列还有争议。

例如,英国文学评论家弗兰克·克默德觉得《蜘蛛巢城》"更像是《麦克白》的隐喻而不是改编"。[1] 和他的观点相似,英国导演杰弗里·李维斯和彼得·布鲁克虽然承认,这是一部"毋庸置疑的杰作",但他们否认这是莎士比亚式电影,因为"电影根本没用到书里的话"。[2] 安东尼·戴维尔斯在他的《拍摄莎士比亚的戏剧:劳伦斯·奥利维尔、奥森·韦尔斯、彼得·布鲁克和黑泽明的改编电影》一书中总结道:"电影拓展了对《麦克白》的讨论范围,让西方的学者更深刻的认识到了莎士比亚戏剧的巨大吸引力。"[3] 不过,戴维尔斯也不认可黑泽明根据莎士比亚作品改编的第二部电影《乱》是莎士比亚式电影。

黑泽明想要证明他总是处于最好的状态。幸运的是,东宝也需要证明。尽管《活人的记录》在票房上不尽如人意,东宝还是给了黑泽明充足的资金来拍摄下一部电影,一方面是得益于著名的《七武士》

---

[1] 安东尼·戴维尔斯(Anthony Davies):《拍摄莎士比亚戏剧:劳伦斯·奥利维尔、奥森·韦尔斯、彼得·布鲁克和黑泽明的改编影片》(*Filming Shakespeare's Plays: The Adaptations of Laurence Olivier, Orson Welles, Peter Brook and Akira Kurosawa*),剑桥,1990,第154页。

[2] 同上。

[3] 同上,第154页。

所积累的声誉，另一方面也是当时东宝在票房上遭受两个新兴电影公司带来的巨大打击，两家公司都把电影定位在了年轻人市场。与《罗生门》和《七武士》一样，《蜘蛛巢城》(也被称为《蛛网的城堡》)也是根植于日本历史，电影本身也试图融入当时平民化的时代剧特色(东宝的对手——松竹、大映和日活公司制作的电影)所展示的世界的本来面目，但它同时又把现代电影制作技术以令人感到刺激的、不寻常的方式，运用到电影的拍摄中去了。黑泽明知道，至少这一次，原来的戏剧情节可能不仅无法帮助电影，反而是个障碍。于是他和编剧们——小国英雄、桥本忍和菊岛隆三(继《丑闻》合作之后又一次回归)住进了日式小旅馆写剧本，这次有关《麦克白》的材料一个也没带，但是原剧中大量的细节都能在电影中看到，这证明了原作故事性极强——我们甚至可以非常清楚地看到，即使是与原作不同的部分，黑泽明也能充满激情地、尽力用纯粹的电影语言去表现它，这使得《蜘蛛巢城》剧本本身就是一部杰作。

电影开场是一首哀婉的吟诵："看啊，一片城的废墟"，废墟预示了"那些背信弃义的奸诈小人的宿命"①。这可以看成黑泽明是在向沟口健二在1954年拍的经典电影《山椒大夫》致敬，黑泽明观看过这部电影，并对此表示"非常钦佩"。②"在所有日本导演中，"黑泽明在1960年接受一次采访时说，"我最喜欢沟口健二。"③原因很简单：40多年里，他导演了80多部电影，其中有几部——前面提

---

① 黑泽明：《七武士和其他剧本》，伦敦，1992，第229页。
② 唐纳德·里奇：《黑泽明的电影》，第117页。
③ 伯特·卡兰度主编：《黑泽明访谈》，密西西比，杰克逊，2008，第7、21页。

及的《山椒大夫》,还有《雨月物语》《西鹤一代女》和《赤线地带》——都被视为战后的经典电影,在黑泽明看来,沟口健二是为数不多的,能够"真正清楚地、客观地看到过去的"的导演。①

后来,黑泽明深情地回忆起他在东宝的日子,"午饭时,围坐在草地上与沟口健二、成濑巳喜男、小津安二郎、山本嘉次郎、衣笠贞之助和山中贞雄……一起聊天,我从中学到了很多东西。"②他学到的不止是场景搭建有多么重要这一点——特别是沟口健二,对他影响很大:

> 沟口健二是日本第一位要求布景和道具必须真实的导演,他的电影中的布景都非常棒。我从他那里学到了很多关于电影制作的知识,其中最重要的就是场景搭建。布景的质量,一方面会影响演员的表演……为此,我要求搭建场景必须真实。在这个过程中,布景不会限制拍摄,反而会提升真实度。③

沟口健二在场景搭建方面对黑泽明的影响,还延续到乔治·卢卡斯身上,卢卡斯和他的剧组1988年在拍摄《风云际会》时,就从《蜘蛛巢城》的布景中获得了灵感。④

黑泽明晚年多次接受采访时都会哀叹,那些有才华的导演,如沟口健二、成濑巳喜男和山中贞雄的去世是(特别是日本观众)电

---

① 伯特·卡兰度主编,《黑泽明访谈》,第157页。
② 同上,第173页。
③ 伯特·卡兰度主编,《对话世界导演:电影谈》(*World Directors in Dialogue:Conversations on Cinema*),马里兰,拉纳姆,2011,第127页。
④ 约翰·巴克斯特:《乔治·卢卡斯:个人传记》,纽约,1999,第365页。

影观众的一大损失,"我们渐渐失去了作为导演的地位,公司已经控制了一切。从那以后'黑暗的时代'来了。"黑泽明在1992年这样说道。① 他在这里表达的悲观观点,早就根植于《蜘蛛巢城》那毁灭性的黑暗里了。

再回到电影的开场:悲歌渐渐远去,取而代之的是浓雾。穿越时空,我们看到了巍然屹立的城堡,骑马的士兵不断地把入侵的敌人包围要塞的消息报告给城主(佐佐木孝丸饰演,他与黑泽明仅合作了一次,后来出演了重拍的《姿三四郎》),大家好像也无计可施。随后传来了好消息,两位武士——鹫津武时和三木已经把敌人击退了。他们被召回城堡领赏,我们第一次看到了鹫津武时(三船敏郎饰演)和三木(千秋实饰演)骑马穿过浓雾。他们迷路了,对通往森林的、"密如蛛网"道路感到迷惑,鹫津心想,他们是不是被"恶魔"迷惑了。② 打起精神往前冲,他们遇到了一个女巫(浪花千荣子饰演,直至今日,还能令人毛骨悚然——当然,值得一提的还有电影的音效创造出的地狱般的恐怖氛围,让她的表演更加逼真),她正俯身在纺车上纺线,就像在轮子上结网。她预言两位武士会很快得到擢升,鹫津有一天会成为城堡的主人,不过他很快会被山木的儿子取代。他们刚到达城堡,一个预言就变成现实了,这时鹫津的夫人浅茅出场,浅茅由山田五十铃饰演,1957年她在黑泽明的第二部电影《低下层》中继续与三船敏郎演对手戏,1961年她又在《用心棒》中饰演了长期争斗的两方中的一方的首领之妻。

---

① 伯特·卡兰度主编,《对话世界导演:电影谈》,第167页。
② 唐纳德·里奇:《黑泽明的电影》,第232页。

第六章
1955—1957年:黑暗和失望

在电影《蜘蛛巢城》中,浪花千荣子饰演的女巫令人毛骨悚然。

《蜘蛛巢城》是自《踩虎尾的男人》以来，黑泽明的第一部真正融入能剧的作品。能剧是高度风格化的日本舞台戏剧，尤其是山田五十铃程式化的表演表现得最为突出。比起1957年在小津安二郎拍摄的《东京暮色》中细致微妙的表演，她在此片中的表演则更加出色。能剧之所以如此吸引黑泽明，是因为它有达到"极致"的"压缩性"：

  充满了象征意义和微妙之处，就好像演员和观众进入了比赛状态，这种比赛涉及了日本文化遗产的方方面面。①

  这些微妙的象征都是由严格的程式划分、规定的，遵循传统，"都是封闭的和脸谱化的"，山田的表演充分地表现了这些象征意义。② 她走路的姿势、对待丈夫的态度、甚至在电影高潮部分她洗手的方式，她就像场景的一幅背景画。如此具有画面感的设计就是为了让人们对她的理解更加直观。2000年，在对山田进行的一次采访中，她解释了在鹫津离开去实施第一次谋杀的那场戏里，黑泽明要求她必须保持"僵硬和不动声色"：

  她没有眨眼，头也不能动，只能借助微妙的身体语言和激烈的声音变化来代替所有的情绪。③

---

① 唐纳德·里奇：《黑泽明的电影》，第117页。
② 同上。
③ 这段访谈出自罗纳德·伯甘的"山田五十铃讣告"（'Isuzu Yamada Obituary'），www.theguardian.com，2012年7月11日。

第六章
1955—1957年：黑暗和失望

如果说蛛网城堡的中心有一只蜘蛛，那一定就是浅茅。

鹫津虽然有野心，但大部分情况下他还是以善良的眼光看待这个世界，不过，由于浅茅不断地蛊惑，在他心里播下了怀疑的种子，离间他和部下，让他变得越来越偏执。很多情况下，鹫津就是黑泽明从《姿三四郎》以来，一直探索的一种未成熟的人物形象。而浅茅正相反，她知道自己要什么，并不惧怕得到它——就像那个女巫一样。"我们得相信朋友，"鹫津说。"这是一个邪恶的世界，"浅茅回应，"如果不想被杀，你得先下手为强。"

"自由、人性"和"死板、拘谨"的辩证关系是电影的主旨。既然这样，"静止的、完整的，都是消极的"，因为浅茅相信的是"雄心壮志的反面"——权力的获得是通过不断的杀戮、谋杀和死亡不断的循环。[1]能剧外在的程式化和限制性把电影的视觉观感和情感外化了——唐纳德·里奇说："没有比这更黑暗的黑白电影了。"——它避免使用那些让人联想起黑泽明的技术（所以，"片中没有淡入、淡出、溶入、溶出，没有任何柔软的、流动的东西"）。[2]黑泽明坚持不用特写镜头，我们置身事外地看着表演。于是，当浅茅蛊惑鹫津时、当鹫津杀死刺客时、当群鸟逃离森林飞到城堡时（电影中的一个装饰音，充满了优雅的音符）、当片中人物处于极端情绪中时，我们就站在一步之遥处观看，黑泽明几乎是在推动我们做出判断，而不仅仅是观看电影。这就是为什么，当我们真的看到一个特写镜头时——也就是那个令人惊恐的、鹫津被万箭穿心的高潮部分，这是手下射向他的

---

[1] 唐纳德·里奇：《黑泽明的电影》，第119页。
[2] 同上，第120页。

在电影《蜘蛛巢城》中,浅茅说道:"如果不想被杀,你得先下手为强。"

箭——非但未引起同情心，反倒引起了我们"冷酷的好奇心"。①大家不禁好奇马丁·斯科塞斯在拍《出租车司机》血腥的高潮部分时，鹫津之死究竟带给他多大的影响。他在阿纳海姆大学举行的悼念会上谈到黑泽明99岁诞辰将会是什么样子时，毫不掩饰对黑泽明的赞美。他承认："黑泽明是我的导师。"他列举了黑泽明的一系列电影后，又举例说明了对《蜘蛛巢城》的看法，他继续说道，"那些画面让我充满了力量，让人兴奋不已，那些动作和场景深深影响了我。"②

　　从技术方面讲，这是黑泽明最具创新性的电影。从外景地到摄影棚（开场鹫津和山木骑马穿越的森林就在富士山附近，离搭建城堡的场地很近。开始时，他和村木与四郎为城堡的选址还产生了争执，最初村木主张把城堡建在黑泽明最后选定的地点对面），然后到鹫津第二次遇到女巫，电影的剪辑都天衣无缝（黑泽明极富创意地表现了之前那些逝去的武士的鬼魂——扮演者都是当时日本非常有名的演员——这种处理方式告诉观众，历史暗示着鹫津不会得逞，他成了自己愚蠢行为的囚徒），我们能够看到黑泽明对电影有强大掌控力。尽管电影开始放映时，在商业上和影评界都少有好的反馈，但《蜘蛛巢城》依然极具吸引力、值得反复观看，是"第一部不同于黑泽明以往那些表现得忠心耿耿、英雄气概模式的电影"，是他后期两部"复活的悲剧"的代表作——《影子武士》和《乱》的预演。③

　　让人奇怪的是，这些悲剧已经发生变化了。下一部电影是根据马

---

① 唐纳德·里奇：《黑泽明的电影》，第121页。
② 阿纳海姆大学，"马丁·斯科塞斯出席斯阿纳海姆大学的黑泽明悼念会"（视频），2014年2月18日。
③ 史蒂芬·普林斯：《武士的镜头：黑泽明的电影》，新泽西，普林斯顿，1991，第149页。

克西姆·高尔基的《低下层》改编，也是在1957年完成（值得注意的是，这是黑泽明最后一次同一年拍摄多部电影）。电影设定在贫民窟，刻画了一群在希望和谎言之间苟且偷生的贫民形象，之所以能吸引黑泽明，是因为他觉得："故事非常滑稽可笑，我记得很好笑。"① 与《七武士》相似，《低下层》也是描写众生百态。和《七武士》不同的是，《低下层》是相互交织的多个故事，不存在先后的问题。名字叫岛佐的胖武士、名字叫阿千的妓女（分别由千秋实和根岸明美饰演），他们都坚持活在梦里——武士念念不忘自己光辉的过去，而妓女则沉迷在所谓的伟大爱情中（她说起自己的故事时，情人的名字每次都不一样）——两个人互相诋毁，认为对方所说的故事是假。还有一个总是记不住台词的酒鬼演员（藤原釜足饰演，他很快又和根岸明美共同出演了《战国英豪》和《天国与地狱》，他分别饰演了乡巴佬和烧炉工人），一个硬心肠的、名字叫宇野岸的修补匠（东野英治郎扮演，他在《野良犬》和《七武士》中饰演小角色，还在小津安二郎的电影《东京故事》和《早春》中出演过角色，因而被日本观众所熟悉）。电影开场时，在他身后，妻子在榻榻米上奄奄一息；一位乐观的僧人（由出演过《生之欲》的左卜全饰演）认为底层的人们需要希望；一个赌徒喜三郎（由三井弘次饰演），他是现实主义者，"知道什么是最糟糕的，只是冷眼旁观，过自己的日子（就像《用心棒》里的人物一样），不选择站队，不过会评头论足"。②

人们普遍认为三船敏郎饰演的小偷舍吉是他成功的角色之一。看

---

① 唐纳德·里奇：《黑泽明的电影》，第125页。
② 同上，第126页。

得出来，舍吉和房东太太阿杉（山田五十铃饰演）关系暧昧，不过，他转而迷上了阿杉的妹妹加代（香川京子饰演，她后来成为黑泽明喜欢的演员之一，出演了《懒汉睡夫》和《天国与地狱》，多年以后又出演了黑泽明后期的作品之一《袅袅夕阳情》）。阿杉和加代就像一个硬币的两面，阿杉代表了邪恶（山田再次垄断了恶妇的角色，其表演功力无人能及），加代代表了柔弱。仅仅几眼，我们就能看得出舍吉怎样与两姐妹打交道的，至少他对加代的渴望是真实的，他制订了计划，满怀希望地想让两姐妹过上好日子。但不幸的是，由于阿杉的阴谋、舍吉的坏脾气，最后他们还是无法从底层爬上去。舍吉决心把加代从她姐姐粗暴的看管中解救出来，却不幸导致了阿杉丈夫六兵卫（中村雁治郎饰演）的死亡，并把自己也送入了监狱。等待舍吉、阿杉和加代的会是什么？他们要么如空气般消失，要么成为别人的谈资，电影的高潮部分并没有给出答案。

就像《罗生门》和《生之欲》一样，《低下层》是黑泽明为探索虚幻与现实而进行的又一次尝试。这是一群活在各种伪装之下、靠希望苟延残喘的人——舍吉和加代的爱，阿千、岛佐和演员的回忆，阿杉的权力欲望——都被现实击碎（不管舍吉感觉到的爱是否真诚，抑或加代是否相信；不管回忆是否足够，也不管权力是否能给阿杉带来她想要的一切，或者更多、更大的欲望）。"他们的虚幻和错觉各有不同，只有一点是相同的，那就是如果想要活下去，这些都是必要的"。① 现实是他们的敌人，从岛佐的谈话中能够看出这一点。

---

① 斯图尔特·加尔布雷思：《天皇和狼：黑泽明与三船敏郎的生活和电影》，第240页。

他宣称自己会成为一个"认真对待现实的人……面对现实的人",结果修补匠回应说:"去你的现实!这就是你的现实——没钱、没工作,你唯一能做的就是被饿死。"但即使修补匠也需要麻痹自己,他去做能找到的任何工作,这样就不用去想自己的命运了,拒绝相信贫民窟是他最后的归宿。只有僧人,他自愿选择进入和离开贫民窟,成了这个封闭世界的旁观者。电影的高潮部分,僧人自杀了,这给阿千投下了更大的阴影,使其更加悲伤,这也可以解释为什么他的死被赌徒喜三郎不假思索地认为他们的"好戏"结束了,电影到此也令人震惊地戛然而止。僧人为什么会自杀?这留给观众深思。

黑泽明和小国英雄只花了两周就把高尔基的作品改编好了,演员们带妆进行了40天的认真彩排(黑泽明非常喜欢这种方式),他在片场搭建了可以算是"几乎要崩塌的杰作"——贫民窟,房子呈75度倾斜,摇摇欲坠(这个外景曾遭到美国影评家的批评,误以为这是资金紧张导致),电影仅用了四个多星期就拍好了。[①]虽然电影一公映就遭到了一些抨击(批评主要说这又是一部充满了黑泽明对社会的消极态度的电影),不过这部电影并没有遭受《活人的记录》那样的失败,它获得了年度电影奖,并在《电影旬刊》评选的"年度十佳电影"中名列第十。

值得指出的是,黑泽明非常喜爱的导演让·雷诺阿曾经在1936年拍摄了根据高尔基的小说改编的同名电影《低下层》。考虑到黑泽明对他的崇敬,雷诺阿的原作黑泽明极有可能已经看过了。20世纪

---

① 唐纳德·里奇:《黑泽明的电影》,第126页。

70年代，他们在洛杉矶曾短暂见面，雷诺阿随后第一次观看了黑泽明的版本，据说他说了这样的话，"这部电影比我的作品要重要得多"。①

黑泽明并没有关心这部电影的反响如何。电影一完成，他就和家人离开去了欧洲，这是他们第一次到国外旅行，旅行期间他们在伦敦停留，接受了"伦敦国际电影节"颁发给《蜘蛛巢城》的奖项，并有机会与他的偶像约翰·福特见了面。那个时候，福特正好在英格兰拍摄电影，极有可能这是他的第一部警匪片《玉女怀春》，电影讲的是由杰克·霍金斯饰演的伦敦警察厅侦探倒霉的一天。"我到片场去看他"，黑泽明在1991年为《八月狂想曲》举行的宣传活动上接受采访时说，"他一见到我，就马上用浓重口音的日语说'我需要喝上一杯！'"两个人关系亲密，对喝酒有共同爱好。还有一次，福特问黑泽明他在喝什么酒。黑泽明回答，"葡萄酒"。福特叫起来，"不，不！你得喝苏格兰威士忌！"然后马上就给黑泽明拿了一瓶。②一起喝着苏格兰烈酒，显然，两人发现他们都对这里奇怪的天气感到迷惑，据说福特对黑泽明说，"你的确喜欢雨啊。"黑泽明回应说，"你确实看过我的电影。"③

---

① 维利·莫纽拉（Vili Maunula），《电影俱乐部：低下层》（*Film Club: The Lower Depths*），让·雷诺阿，1936，2013年2月1日。
② 伯特·卡兰度主编，《对话世界导演：电影谈》，第157页。
③ 斯图尔特·加尔布雷思：《天皇和狼：黑泽明与三船敏郎的生活和电影》，第244页。

第七章
1958—1960 年：挑战传统

> 绝对不能利用观众。①

黑泽明有个习惯，感兴趣的人物、事件和故事他会再次回顾。他一直都想重拍《踩虎尾的男人》，希望加上"更多的场景、音乐和技术"。② 1957 年，《日俄战争胜利之秘史：敌中横断三百里》放映后，他的这种愿望变得更加强烈。这部电影是根据黑泽明早期的、也是他最珍惜的剧本《敌中横断三百里》拍摄完成的，但是电影并不成功。当然，很有可能是黑泽明觉得自己需要一次成功，重新审视自己 20 世纪最成功的电影，《罗生门》《七武士》和《蜘蛛巢城》，他非常确信，只要他去拍摄"时代剧"，观众们就会喜欢。《战国英豪》是他接下来的一部作品，这是一部充满激情的、激动人心的喜剧，是继《七武士》后真正红极一时的首部电影，给东宝带来了相当于 100 万美元的利润。

值得一提的是，我们从一开始就应该从商业角度看《战国英

---

① 题记来自唐纳德·里奇《黑泽明的电影》，加州，伯克利，1965，第 140 页。
② 同上，第 137 页。

在电影《战国英豪》中,城堡阶梯上的人群

豪》。黑泽明那时与东宝的合同快要到期了,在拍完压抑的、黑暗的《蜘蛛巢城》和有点超现实的、抑郁的《低下层》后,黑泽明也想打造一部"百分百充满激情的娱乐片"。①他需要更多的观众,希望他的观众能开心。不过这并不是说他对这部电影投入的心思比其他的电影少。你只要看看开头,就会知道黑泽明是怎样轻松、巧妙地把喜剧的传统发挥出来的。《战国英豪》可以看作是一部传统的武士片,情节主要围绕将军和公主展开。开场戏里,两个农民太平和又七(分别由黑泽明的御用演员千秋实和藤原釜足饰演)发着牢骚、争论他们的命运,或者目睹他那令人激动的、向谢尔盖·爱森斯坦的《战舰波将金号》致敬的、"壮观的、挤在城堡楼梯上的喧嚣人群"的镜头,我们可以看出,黑泽明已经全力以赴。②

毫无疑问,谢尔盖·爱森斯坦给黑泽明带来了巨大的影响。与黑泽明相似,世界的政治现实让爱森斯坦形成了导演的敏锐性,而且这种敏锐性让他声名鹊起。爱森斯坦也是反映世界现实的导演,他的故事来自身边、对世界的观察,他的创造性体现在车辆上而不是电影上(两位导演都喜爱画画)。更重要的是,黑泽明从爱森斯坦那里学到了对"度"的把握,学到了在电影银幕这个巨大的画布上能够画些什么——他知道了避开大家都接受的、已经做过的东西有多么重要,他也知道怎样找到新的方式把头脑中的画面变成活生生的东西。如果把黑泽明和他的合作者在电影中使用的精湛技术归功于受到了某个人

---

① 斯图尔特·加尔布雷思:《天皇和狼:黑泽明与三船敏郎的生活和电影》,伦敦,2002,第253页。
② 史蒂芬·普林斯:《武士的镜头:黑泽明的电影》,新泽西,普林斯顿,1991,第21页。

的影响，那这个人一定是爱森斯坦。不过精湛技术本身并不是黑泽明所追求的。对他而言，技术上的创新只是讲好故事的手段而已——讲好故事才是最重要的。有评论重新提及爱森斯坦对黑泽明整个电影生涯的影响时，黑泽明承认喜欢《战舰波将金号》，但是看完了《伊凡雷帝》后，他对爱森斯坦的兴趣减弱了。1963年，当他被问及最喜欢的导演时，爱森斯坦并没有出现在前面三位里面。①

从一开始，黑泽明就试图挑战自己，从写剧本开始，他就没有遵循惯例：

> 每天早上我都设计一个场景，将剧中的将军和公主逼至窘境，然后其他三个编剧（菊岛隆三、小国英雄、桥本忍）就要想方设法让他们逃出来，我们每天就是这样写剧本的。我希望能呈现出生动、宏伟的历史场景②。

这的确是一场生动、宏伟的历史奇观。公主和她的侍从想方设法地把黄金藏在空棍子里穿过敌人重兵把守的防线，故事在奴隶反抗、火祭现场、惊心动魄的追逐和时常出现的野蛮暴力的背景下展开（暴力场景也出现在之后的电影《用心棒》的一些备受争议的片段中）。这样的奇观是靠黑泽明的新技术支持的：变形宽银幕。变形宽银幕最早于1953年在美国出现，开始有好几个名称（包括彩色印片和变形镜头式宽银幕），它能提供"高保真、磁性立体声和比1953年前的、传统

---

① 伯特卡兰度主编，《黑泽明访谈》，密西西比，杰克逊，2008，第25页。
② 斯图尔特·加尔布雷思：《天皇和狼：黑泽明与三船敏郎的生活和电影》，第254页。

的标准比例银幕大一倍的屏幕"。直到1957年,日本的电影公司才开始追赶美国,使用这种宽银幕。① 黑泽明承认说,"我一直都觉得从画面构成角度和我拍电影的方式来看,标准银幕太窄了。我发现宽银幕要简单多了,非常适合我。"② 宽银幕电影技术使用前后的电影差异很大。(他最后的6部电影回到了非变形银幕上了,结果失去了我们在《战国英豪》和《用心棒》中所看到的活力)因为变形宽银幕技术让他擅长的长镜头和框架结构发挥到极致。

对《七武士》和《蜘蛛巢城》等标准时代电影的批评与历史剧电影本身受到的批评一样多。《战国英豪》是一部令人开怀大笑的娱乐片,"就像阿尔科利萨·路易斯拍摄了《佐罗的标志》"。③ 这大概是让这部电影几十年里还如此有生命力的部分原因吧;例如,太平和又七两个农民角色给了乔治·卢卡斯灵感,创造出了《星球大战》中C-3PO和R2-D2两个机器人。从叙事角度来看,片中有些微妙之处很容易被错过。《战国英豪》日本片名是《隐し砦の三悪人》,中文意思是"暗堡里的三恶人",观众被片名吸引,想知道这三个恶人是谁。其中的两个恶人当然是太平和又七——不过恶行让他们看起来很愚蠢,而不是像真正的恶人,就像他们在公主面前讨论怎样带着金子逃跑的那一幕,他们还以为公主是哑巴。太平和又七就像一对滑稽戏演员劳瑞和哈迪④。第三个恶人可能是真壁六郎太(三船敏郎饰演)大将,为了救公主,他让自己的妹妹假扮成公主而被杀,

---

① 斯图尔特·加尔布雷思:《天皇和狼:黑泽明与三船敏郎的生活和电影》,第254页。
② 同上,第257页。
③ 唐纳德·里奇:《黑泽明的电影》,第134页。
④ 劳瑞(Laurel)和哈迪(Hardy):长期搭档演出滑稽片的两位美国演员。

他竟然一点也不悲伤；不过也可能是田所兵卫将军（由姿三四郎的饰演者藤田进饰演，这是藤田进与黑泽明在《我于青春无悔》后时隔12年再次合作），他是真壁六郎太的手下败将。但是在电影的结尾六郎太和公主被抓住时，他却放走了他们（《战国英豪》再一次鲜明地挑战了类型片）。当然，黑泽明的"恶人"是反讽的用法，我们从高潮戏里知道这些人都以自己的方式成为英雄。

随着《战国英豪》情节的展开，观众对电影里所有人物了解得越来越多，但是公主除外（由20岁的上原美佐饰演，她经过了全国海选，因其惊人的美貌而被选用）。当她被抓住时，她对真壁六郎太说的一席话让人想起了《生之欲》：

> 我已经享受到了在城堡中所不能想象的快乐。用自己的眼睛，我已经看到了人的真面目，美丽和丑陋。我要谢谢你，六郎太。现在我死而无憾。

这时我们看到太平和又七正跪着等死（这一幕的设计呼应了《罗生门》里的疑问），我们看到公主已经成长了，她让我们想起了在火祭上唱的一首歌，"点燃你的生命直至熄灭"和"全力以赴要活下去"，因为"生命就是一场梦，只能持续一晚"。

拍摄过程可谓一波三折，三次台风破坏了外景地，导致电影从1958年的5月一直到12月才拍摄完毕，比原定3个月的拍摄期延长了一倍，黑泽明直到圣诞节的前两天才完成了后期制作，仅仅5天以后，东宝就发行了此片并引起巨大轰动。黑泽明获得了"蓝丝带最佳电影奖",很快在1959年又获得了"国际影评人协会奖"和第九届柏林国际电影节"最佳导演银熊奖"。①《战国英豪》继《星球大战》后引起了第二波观影热潮,那个时候由乔治·卢卡斯这样的导演引领了新一代观众(甚至还有诸如三船敏郎的角色就是汉·索罗或者欧比旺·克诺比之类引起误导的争论)——这次热潮促进了黑泽明与乔治·卢卡斯和弗朗西斯·福特·科波拉的友谊,他们二人还帮助黑泽明,让他在拍摄《影子武士》和《乱》时获得了急需的资金。

尽管《战国英豪》给东宝带来了巨大的利润,东宝还是极力想让黑泽明更加关注商业市场。大多数情况下,东宝的高层们一直在施压,并试图控制黑泽明,他则不断抵制并拒绝妥协,坚持初心,绝不让步。1959年4月,黑泽明成立了自己的制作公司,表面上看,双方都得到了自己想要的——黑泽明获得更多的自主权,而东宝则可以减少资金投入。黑泽明接到的第一单生意是拍摄《懒汉睡夫》——继《我于青春无悔》之后最直接表现政治主题的电影。自从20世纪30年代早期他积极参加政治运动以来,黑泽明就表现出改变社会的强烈愿望,《懒夫睡汉》又是一个例子。说起拍摄《懒夫睡汉》(日语片名《悪い奴ほどよく眠る》,更加确切的翻译是"坏蛋越坏,睡得越香")的缘由,黑泽明说:

> 我在想要拍什么类型的电影。只是挣钱的片子我没有兴

---

① 斯图尔特·加尔布雷思:《天皇和狼:黑泽明与三船敏郎的生活和电影》,第262页。

趣——导演绝对不能利用观众，相反，我想拍一部有社会意义的电影。最后，我决定拍一部有关腐败问题的片子，因为贪污、受贿等，对公众而言，是最该遭到唾弃的犯罪行为。①

该片虽然算不上十分成功，却一直吸引着很多观众。令人奇怪的是，直到21世纪早期的今天，这部关于腐败问题的电影依然受到人们的关注。主要原因可能是自从20世纪30年代最严重的经济危机爆发以来，公众和媒体就对经济腐败感到越来越绝望。

《懒汉睡夫》是一部复仇剧，有模仿《哈姆雷特》的影子。三船敏郎饰演一位叫西幸一的年轻人，他的父亲在5年前自杀了。后来，西幸一成功地在他父亲生前的公司站稳了脚，成了董事长岩渊（森雅之饰演，几乎让人都认不出了）的秘书，并与董事长的女儿佳子（香川京子饰演）结婚。电影的开场部分被视为制造悬疑的经典之作。开场戏里，西幸一和佳子举行婚礼，媒体记者们挤在房间的角落观看，就像是希腊戏剧合唱队一样议论着岩渊房产公司的一个个丑闻（出演《低下层》的三井弘次饰演的一个爱讲话的记者非常引人注目）。开场戏介绍了很多角色，并且非常巧妙地交代了很多情节发展的背景。唐纳德·里奇称开场戏是"黑泽明的所有电影中最辉煌的20分钟开场"，弗朗西斯·福特·科波拉承认《教父》从《懒汉睡夫》的开场戏中学到了很多。②

婚礼开场戏后，另一幕安排了一段高超的蒙太奇，节奏之快需

---

① 唐纳德·里奇：《黑泽明的电影》，第140页。
② 同上，第141页。

电影《懒汉睡夫》片断,黑泽明的所有电影中最辉煌的20分钟开场

要观众快速思考才能理解（让人联想到了《生之欲》中的蒙太奇部分）。戏中，公司的领导者们被警方调查，但后来调查以一位高级经理的自杀告终，而他就是在公司律师的轻声催促下，被迫向急驶的汽车冲过去的。《懒汉睡夫》一次次地控诉了日本商界是如何巩固他们的阶层等级的，那个时候，在高级经理的命令下，中级经理和职员被迫自杀的真实事件屡见不鲜。当首领和田的助理——藤原釜足饰演——准备在火山口自杀时，西幸一救了他，并说服他成为其扭曲的复仇计划的一部分。

在这个复仇计划里，西幸一先把合同主管白井（新人西村饰演，黑泽明与他继续在《用心棒》《天国与地狱》和《红胡子》电影中合作）逼疯，然后又绑架了行政主管守山（志村乔又回来在黑泽明电影里出演角色，在这里，他饰演的这个角色喜欢冒险，头发乌黑发亮）。西幸一——我们后来得知西幸一并非是他真实姓名，他借用了朋友的身份——对于复仇，自己的内心一直处于挣扎、徘徊之中，就像哈姆雷特一样。他有时犹豫不决，经常长时间地思考，甚至失声大叫，一个人是否会惩罚了"坏人"而自己却不变坏？暗示的答案是——不是坏的行为让你变坏，而是自我怀疑让人变得虚弱，被自己打倒，这是最糟糕的。这样，黑泽明塑造的不成熟的人物（西幸一）受到了惩罚，而像岩渊和守山这样的人"被证明"他们的"行为有正当性"，逍遥法外。[1]

片中的一些片段，实际上有很长的几幕镜头，是黑泽明作品中

---

[1] 唐纳德·里奇：《黑泽明的电影》，第 141 页。

最精彩的部分之一，不过从整体看，本片还有很多不足。黑泽明承认，"在拍摄过程中，我就知道了电影并没有计划的那么好，这是因为我在叙述和表现上还有不足"——或者说，黑泽明说得太多，而表现出来的太少，就像他在《活人的记录》中所做的那样。① 电影开场直奔主题，有些评论认为银幕外发生的场景太多：记者们讨论的腐败案件，观众得跟得上记者的节奏；西幸一讲述他父亲的死；在电影的高潮部分，我们从一个自称是西幸一唯一的、真正的朋友（加藤武饰演，眼尖的观众认出来了，他是在《战国英豪》的电影开头，在太平和又七两人面前被杀死的那个武士。）慷慨激昂的演讲中得知了西幸一之死。不过，我们有时也能看到扣人心弦的场景。例如，和田扮成鬼魂吓白井，在混战中西幸一差点把白井推出窗外（后来西村在一次采访中说，在那场混战中，三船敏郎就像可怕的野兽，有几次他都担心自己真的会送命，幸亏有根绳子保护，让他不至于真的跌下去）。还有守山被关进监狱的那几场戏。森雅之和志村乔的表演都非常有魅力，每个人的表演都让电影增色不少。令人感兴趣的还有西幸一和他跛脚的妻子佳子的一场爱情戏，这让我们回想起《美好星期天》里的简短、温情的一幕，可以算是黑泽明的最后一部电影《袅袅夕阳情》中几场温情戏的预演。

从某些角度看，《懒汉睡夫》不算成功（虽然"从票房看，是一部既不算失败也不算成功的电影"②），尤其是在它之前的《战国英豪》已经在商业上获得巨大成功。但是电影的主题却是黑泽明非常

---

① 唐纳德·里奇：《黑泽明的电影》，第141页。
② 斯图尔特·加尔布雷思：《天皇和狼：黑泽明与三船敏郎的生活和电影》，第293页。

第七章
1958—1960年：挑战传统

在电影《懒汉睡夫》中的场景,混战中西幸一差点把白井推出窗外

感兴趣的,他愿意再次回到这个主题,就像他在拍《战国英豪》时重温电影《踩虎尾的男人》一样,围绕这个主题重新评估,在下一部电影《用心棒》中,呈现出令人炫目的效果,取得巨大的成功。

第八章
1961—1963 年：忘我工作

> 对日本观众毫无意义的电影，我……也毫无兴趣。①

日本进入历史上的最好时期，战后经济奇迹带来了全面的繁荣景象。1954—1961 年，日本首相池田勇人实施了重工业化政策，利用"过度借贷"金融体系的资金支持（在这个体系里，日本中央银行给小银行发放贷款，然后小银行又给一些工业大企业贷款，他们的借款甚至超过了偿还能力），政府放松了反垄断法。这样，反过来促使池田政府实施了大企业优先的政策，降低利率和税收，他和政府还参与了一个雄心勃勃的基础设施重建项目——建设高速公路，铺设高速铁路轨道，建设大坝、地铁、机场和港口设施。到 20 世纪 60 年代中期，日本的国内生产总值已经达到创纪录的 910 亿美元，确立了世界上最富有国家之一的地位（这个地位一直维持到 1991 年，经济泡沫破裂时期）。或许这有些不寻常，得益于财富的涓滴效应，日本民众纷纷购买了黑白电视机、洗衣机和冰箱，年轻人文化爆发。这是日本人

---

① 题记来自唐纳德·里奇《黑泽明的电影》，加利福尼亚，伯克利，1965，第 162 页。

的好时代——不过黑泽明用来迎接乐观主义和繁荣经济的则是精神错乱、喧嚣混乱、充满暴力的喜剧,以此来长时间地、冷眼审视当代日本,发现它所需要的东西。

《用心棒》的故事发生在1860年,即德川幕府末年,从历史年代上讲,发生在《七武士》和《乱》故事"之后"。德川幕府时期最明显的特点是建立了严格的等级制度,大名在顶端,向下依次是武士、农民和商人。随着时间推移,严苛的税收以及对外贸易的逐步增长,为幕府带来了越来越多财富的同时,全国也处于动荡不安之中,终于在1868年达到顶点,爆发了戊辰战争。德川幕府时代结束,迎来了明治时期,黑泽明就是在那个时期出生的。我们在《用心棒》中看到的冲突各方的争斗从某种意义上说,是小规模复制了同时期席卷日本全国的动乱。考虑到黑泽明在20世纪30年代汹涌的政治潮流中形成的观念,我们有理由能找到两个时代的相似性——德川家茂,他是《用心棒》故事发生时代的幕府将军,在他统治下的日本正处于激烈的动荡时期。池田勇人,《用心棒》拍摄时期的日本首相。当然两个人都要为日本对西方开放,特别是深受美国的影响负责任。"当我回首日本历史时,"黑泽明在1966年说,"或者为此去看世界历史时,我看到了人是怎样一次又一次重复自己的历史。"①

《用心棒》的开头滑入了演职员字幕,字幕下的三船敏郎背对观众,止在走着。他让我们想起了在《野良犬》开头看到的那只热得吐着舌头的狗。他走路时,头歪向一边,肩膀抖动着。我们首先看到身体

---

① 伯特·卡兰度主编,《黑泽明访谈》,密西西比,杰克逊,2008,第40页。

动作,后来在电影中还有更多的一系列的身体动作和各种丰富多彩的人物。三船敏郎挠痒、打哈欠,还有舒展四肢等动作不仅是他在《用心棒》之后塑造的人物的标志,而且也是从哈维·凯特尔到志村乔另类的"打手"英雄的典型形象,(值得一提的是,黑泽和子后来还责备志村乔"没有理解她父亲作品的道义基础"就使用了黑泽明式的暴力场面①)。剧中的三船敏郎似乎是一个没有固定目标的人物,他喜欢把一个小木棍随意向上一扔,来决定朝哪个方向走,他偶然遇到了一对激烈争吵的父子,并和他们起了冲突,父子的冲突让他来到了附近的镇上。后来在电影中,他盯着窗外的桑树,好像从空中摘了一个名字——桑园三十郎。实际上他的姓氏是"椿"(山茶花),全名椿三十郎。山茶花在电影情节中起到关键作用,强调了其随意性、偶发性的特点。

　　椿三十郎来到了这个小镇,看到两派势力因争斗而分裂,混乱不堪,丝绸商多左卫门和酒商德右卫门(分别由经验丰富的"黑泽明组"成员藤原釜足和志村乔饰演)争斗不休。他们分别雇佣了打手清兵卫(河津清三郎饰演)和新田丑寅(山茶花究饰演)为自己效力,还各自雇佣了一群凶神恶煞的恶棍。表面上看,小镇的形势好像给椿三十郎提供了赚钱的好机会,不过很快,我们知道了椿三十郎不过是想要愚弄他们。开始他与丝绸商结盟,后来无意中听到清兵卫和他的老婆阿玲(山田五十铃饰演)的交易,她建议清兵卫一旦丝绸发货以后就杀死三十郎,这样就不用付他钱了。椿三十郎戏弄两方让他们互

---

① 多洛雷斯·马丁内兹(Dolores Martinez):《重拍黑泽明影片:全球电影的翻译和变化》(*Remaking Kurosawa: Translations and Permutations in Global Cinema*),纽约,2009,第192页。

相打起来，于是电影情节越发好笑——椿三十郎端坐在高高的望火楼上观看两派火拼。不过，由于丑寅的弟弟卯之助（仲代达矢饰演，黑泽明曾经犹豫是否用他，但后来被他的表演吸引，于是黑泽明在最后的代表作《乱》中让他担当了主角）——一个拿着火铳并喜欢惹是生非的恶棍——的到来，喜剧色彩变得暗淡。做了好事都要付出代价，椿三十郎救了农民的妻子，然而一次情感冲动的好事让他付出了巨大代价，他被卯之助发现，并被丑寅的那个挥舞铁锤的巨人阿闩（由罗生门纲五郎饰演，他身高六英尺七英寸，是日本职业摔跤手，这是他唯一的银幕角色）狠狠地痛打了一顿，差点被打死。幸亏小酒馆老板帮了他，这是小镇上为数不多的（如果不是唯一的），真正的好人之一（里奇称镇上的人是"一群丑陋的人，一群恶人"）。三十郎逃脱后在最后一战中铲平了镇上的所有恶势力。① 消灭了这些恶势力后，三十郎抖动着肩膀，大喊着告别，然后走出了银幕，和开场进入银幕一样，最后演职员表从他背后滑过。

据说《用心棒》从达希尔·哈米特的《血色收获》和电影《原野奇侠》得到了灵感，它的票房超过了《七武士》和《战国英豪》，并在随后几十年里仍然影响力巨大，影响了三船敏郎后期演出和制作的很多电影，后来出现了300部左右的武士刀剑片。它还促使了很多"通心面西部片"②（据制片人塞尔吉奥·考布西说，塞尔吉奥·莱奥内在创作《荒野大镖客》时，"莱奥内就是俯身到音像机上复制《用心棒》，只是把场景和对话的细节改了改"。）涌现，他们共制作了大约

---

① 唐纳德·里奇：《黑泽明的电影》，第148页。
② "通心面西部片"（Spaghetti Westerns），是意大利人摄制的美国式西部片——译注

在电影《用心棒》中,椿三十郎高高地坐在镇中心的望火楼上

300部此类电影。① 虽然黑泽明大大称赞了《荒野大镖客》，但他在给莱奥内的信中提到此片时称其为"我的电影"，他似乎要求对方应给予补偿——实际上，这是一场旷日持久的版权纠纷诉讼案，官司一直持续整个《红胡子》拍摄过程。最后黑泽明赢了，他和公司获得了电影在亚洲的发行权以及总票房一定比例的分成。② 虽然黑泽明和莱奥内没有见过面，但他在1990年的戛纳电影节上见到了《荒野大镖客》的演员克林特·伊斯特伍德，通过翻译，他们讨论了《用心棒》，对当年的版权抄袭纠纷一笑了之。当时克林特·伊斯特伍德认为，由于版权官司导致电影推迟放映，这让他的事业处境危急。③

《用心棒》除了衍生出众多此类型电影和带来巨大轰动效应外，还是一部超级娱乐片、极具特色的暴力故事和叙事电影的典范，也是黑泽明勇于实验和创新的又一力作。你能在片中看到一些细节：观众能听到剑劈下来时的皮肉撕裂声，在当时这可是首创（黑泽明让混音师三上长七郎用各种方式劈砍肉块，直到找到满意的声音）。黑泽明非常生动、逼真地把暴力呈现在银幕上（比《邦妮和克莱德》和《日落黄沙》之类的暴力电影要早好几年）。佐藤胜的配乐非常成功，令人印象极为深刻，《椿三十郎》的主题与片中的人物三十郎的个性一样鲜明。

黑泽明吸取了《低下层》的教训，在纵向线和横向线的交叉格

---

① 斯图尔特·加尔布雷思：《天皇和狼：黑泽明与三船敏郎的生活和电影》，伦敦，2002，第311页。
② 克里斯托弗·弗瑞林（Christopher Frayling）：《塞尔吉奥·莱奥内：与死亡相关》（*Sergio Leone: Something to Do with Death*），伦敦，2000，第149页。
③ 斯图尔特·加尔布雷思：《天皇和狼：黑泽明与三船敏郎的生活和电影》，第312页。

里拍摄（你只能从街边或者街尾的角度看到动作）。"通过极端的视觉角度，电影强调了其夸张的结构和戏剧化表演的特点，"普林斯写道，"电影的一部分是通过三十郎的视觉中心来推进的。"[1] 例如，我们通过三十郎肩膀的两边看到的小镇会有放大的效果，里奇评价三十郎形象有点像"希腊戏剧里的上帝"："他降临了，当一切结束时，又回到天上去了"。[2] 黑泽明同意这个说法，他说："《用心棒》的主角和我们这些人不同，他是那种往中间一站，就能阻止争斗的人。"[3] 但是有意思的是，三十郎并没有真的站在中间去阻止争斗。他也不是黑泽明心目中的英雄形象。是的，这是"喜剧式的黑泽明"——但这又只是个喜剧。[4] 这是一出黑色的、无政府主义主题的喜剧，是围绕着三船敏郎所塑造的人物的一出喜剧。

此时的三船敏郎已经年过四十，事业蒸蒸日上，片约不断。他在1960年《懒汉睡夫》和1961年《用心棒》的拍摄期间又接拍了其他三部电影（杉江敏男导演的《小职员忠臣藏》和《小职员忠臣藏2》，稻垣浩导演的《大阪城物语》）。在《用心棒》和1962年拍摄的系列片《椿三十郎》拍摄期间，他还出演了稻垣浩的《青春与护身符》和由伊斯梅尔·罗德里格兹导演的墨西哥电影《重要人物》，此片获得了奥斯卡最佳外语片提名奖。此外，和黑泽明很像，三船敏郎追求舒适的生活，喜好美食，嗜好抽烟、喝酒，此时，这些嗜好对身体的不良影响已经显现出来，我们甚至都能从椿三十郎这个角色上看出来。在

---

[1] 史蒂芬·普林斯：《武士的镜头：黑泽明的电影》，新泽西，普林斯顿，1991，第226页。
[2] 唐纳德·里奇：《黑泽明的电影》，第149页。
[3] 伯特·卡兰度主编，《黑泽明访谈》，第19页。
[4] 唐纳德·里奇：《黑泽明的电影》，第148页。

拍摄《用心棒》和系列片《椿三十郎》期间，有好几次三船敏郎都在勉强支撑着拍摄。在片中，扮演被三十郎解救的农民之妻司叶子说她感觉三船敏郎在"冒着生命危险表演"。①黑泽明使用了8个鼓风机在片子的高潮部分制造暴风的效果，其实也没有起到多大的作用。黑泽明要求三船敏郎和演对手戏的仲代达矢（一位美国评论家说这一对演员在戏中表演的僵持的那一段戏，接近于约翰·韦恩和猫王埃尔维斯·普雷斯利）在战斗中不能眨眼，他们不得不在拍摄间隙清洗眼睛才能把沙子清理出来。②

《用心棒》和《椿三十郎》的成功对黑泽明和主演三船敏郎来说都具有重要意义，但是两人之间的裂痕开始出现了。三船敏郎在《用心棒》中表演出色，被《电影旬报》授予"最佳表演奖"，但是他在《用心棒》的答谢辞中却不断地提及自己在奥斯卡提名电影《重要人物》中的表演。那个时候，影评界谈到任何一部三船敏郎的电影时，都会强调这是他与黑泽明合作的作品，因此大家认为他和电影大师黑泽明是密不可分的。从20世纪60年代中后期开始，一系列灾难性事件降临到了黑泽明身上，这些灾难的种子在《战国英豪》拍摄期间就埋下了。三船敏郎和黑泽明的裂痕则是在《用心棒》和《椿三十郎》中初见端倪。

虽然表面上看《椿三十郎》与《用心棒》的故事发生在同一时期，但是《椿三十郎》讽刺性不强，少了黑泽明对生活的世界的批判，更多的是其娱乐性，因此电影更加鲜明和轻松。同名主人公第

---

① 斯图尔特·加尔布雷思：《天皇和狼：黑泽明与三船敏郎的生活和电影》，第305页。
② 同上，第306—307页。

电影《用心棒》,黑泽明要求三船敏郎和仲代达矢在拍摄战斗场景时不能眨眼

一次出场,他同意帮助一群正在密会的年轻武士:和《懒汉睡夫》中的西幸一相似,这群武士试图铲除当地的腐败贪污势力。电影开场,一群年轻武士在密会,其中一个武士叫井坂,是城代家老①的外甥(由加山雄三饰演,他后来在内川清一郎于1965年重拍的《姿三四郎》中担任主演),他非常沮丧地告诉大家,他的舅舅没有把他们的请愿书当回事。后来他们拜访了大目付②,得到了满意的回应,他答应帮助他们。就在此时,三十郎进来了——就像黑泽明一样——指出来想象和现实不一样。当武士们谴责井坂的舅舅并颂扬大目付时,三十郎告诉他们想错了。很快,三十郎的话得到了证实,武士们密会的房子被大目付派来的人包围(三十郎用出神入化的剑术杀死了几个人)。

井坂的舅舅已经被抓,于是三十郎和武士们制订了营救计划——首先救出他的夫人和女儿(夫人由《最美》中的入江隆子饰演,她在后面的情节里颇具喜剧效果),然后是舅舅。伴随着武士们的各种计划和密谋,我们也看到了恶人一方的阴谋(志村乔、尤其是仲代达矢的阴险主意),就像我们在《懒汉睡夫》里看到的那样,虽然《椿三十郎》中的恶人们也有两面性(仲代达矢有一次承认了自己的邪恶——观众们当然知道该支持谁)。人性的复杂并不是黑泽明想要表现的,他运用了一些元素,如"音符、标志、好人、恶人、无意义的剑斗、连接两座大宅的小溪"等,目的是借助椿三十郎这个角色批评

---

① 家老是辅佐藩主的重要家臣。
② 大目付是幕府派来监察政务的官员。

传统时代剧的俗套。①虽然三十郎在电影结尾部分被抓住了,但黑泽明无意重现他在《用心棒》中被痛打的残暴场面。他被绑起来了,就像默片里被绑的落难女子,让那些恶人们自掘坟墓。看起来一切都在椿三十郎的掌控之中,这与《用心棒》不同。电影的高潮部分,仲代达矢向他发起挑战,开始他并不愿意迎战,最后才给对手致命一击。当那群武士们看到他给对手致命一击时纷纷赞叹,椿三十郎面对他们,大为光火。

留下那群年轻武士既感到困惑但又欢欣鼓舞,既倍感沮丧但又刻骨铭心。或许这也是黑泽明希望年轻的日本观众好好回味的地方。就像他经常说的,他的电影是直截了当的。②

就像《姿三四郎2》一样,《椿三十郎》也被看成是第一部的续集,里面有一些重复的场景。所以,它无疑会缺乏新片的那种震撼性。电影的焦点不管是明线还是暗线,都已转移——《椿三十郎》的故事非常明显地发生在日本的武士精英和腐败官僚两个阶层里。黑泽明批评了日本年轻人做事不经考虑就鲁莽地采取行动。这一点在椿三十郎睡觉那一场戏中表现得最清楚。在那场戏中,三十郎睡着了(或者说试图睡着),当时新情况不断出现,年轻的武士忙着制定各种应对计策。有意思的是,《椿三十郎》还可以说是对黑泽明在《用心棒》中引入的、充满争议的暴力场景的批判。椿三十郎曾救过

---

① 伯特·卡兰度主编,《黑泽明访谈》,第22页。
② 同上,第23页。

在电影《椿三十郎》中,椿三十郎的致命一击

的那位夫人对他说，真正出色的剑客把剑收在鞘中，而不是常常拿出来使用，电影以喜剧旁白的方式展示椿三十郎迫使自己反省自己的行为。电影的高潮部分非常血腥和震撼，这个暴力镜头甚至还来不及细看就结束了。

黑泽明说：

> 传统的武士片影响力巨大。以前的武士片几乎没有剑斗戏，如果电影中加入了太多戏剧化的砍和刺等动作就会削弱电影的力度。传统的剑斗镜头里，剑会迅速拔出来，闪电般完成击打动作，然后以同样快的速度把剑收回剑鞘里。[①]

经常有人批评黑泽明，说他的电影受西方影响太大了，《椿三十郎》可以被看成是黑泽明对这些批评的反击。《用心棒》可能很容易被西方人接受，而《椿三十郎》对西方观众而言不那么容易理解。黑泽明强调说他是日本电影导演，如果他觉得自己制作的电影不能吸引日本观众，他是不可能拍的，"对日本观众毫无意义的电影，我作为一名日本艺术家也毫无兴趣。"[②]

最初，《椿三十郎》改编自作家山本周五郎的小说《日日和平》（黑泽明的电影《红胡子》《电车狂》也是改编自他的作品）。在《用心棒》拍摄前，《椿三十郎》的剧本就已经在他手上了，黑泽明开始想让他的助理导演堀川弘通来拍这个剧本的。黑泽明说东宝总是给他

[①] 唐纳德·里奇：《黑泽明的电影》，第160页。
[②] 同上，第162页。

施压,让他拍《用心棒》的续集(实际上原剧本的主人公与《用心棒》里的椿三十郎完全不一样)。不过,黑泽明一旦同意拍摄,他就会全心投入其中。电影于1961年9月25日在静冈县御殿场,一个真正的神社(神社在50多年后还矗立在这里)里开拍,后来黑泽明又搭建了东宝最大的一个外景地,里面建了房子、池塘和花园。电影一公映就受到日本观众的欢迎,受欢迎程度甚至超过了《用心棒》——《椿三十郎》票房收入超过4.5亿日元,比《用心棒》还多出1亿日元——此片在影评界和商业上都更加成功。有点不寻常的是,几个月后,电影在美国上映后黑泽明也得到了其电影生涯中最好的评价。

黑泽明的电影事业发展到这个时期,他已经世界闻名,受到大家的欢迎,人们对他尊敬有加。在20世纪60年代,他的电影不断地摘取世界各地的大奖,1961年和1964年分别因为《生之欲》和《天国与地狱》两次获得"美国桂冠奖",1965年,《红胡子》获得"意大利国际天主教电影视听协会奖"和"苏联电影制片人协会奖",1966年受邀到米兰接受"拉蒙·麦格赛赛文学和新闻纪念奖",采访记者R. B. 盖迪这样描述黑泽明:他的身高"引人注目,眼神很温柔,带着微笑,有点严肃也有点熟悉感。他已经56岁了,走起路来却像36岁的年轻人,他的举动很镇静但是充满了活力"。①虽然黑泽明有时入不敷出(他和家人经常遇到资金紧张的情况,尤其是拍摄《红胡子》之后的日子,朋友们经常接济他们),需要一直工作直至倒下,但他不以为然,谈起这种生活来还很高兴:

---

① 伯特·卡兰度主编,《黑泽明访谈》,第32页。

>   这种生活没有休息的日子,不过我喜欢这样的生活。在一个剧本上我要花几个月的时间,直到我觉得它可以开拍为止,所有的电影都是这样开始拍摄的。我不断地琢磨,有时候在梦里还想。有时候正在拍着电影,我还会想着几个月前已经拍好的电影。甚至打高尔夫球时,我也会想着一部电影或一个场景下一步该做什么……我相信如果不当导演,我会成为一名优秀的高尔夫球手。[①]

他承认妻子是一名"沉默的批评家",孩子们也"没有继承他的衣钵",这说明黑泽明是一个以工作为主的人,不过他对孩子们的成长和选择的人生之路感到非常骄傲——例如,他的儿子黑泽久雄在大学学习经济学,后来成为"侧面四人组乐队"的歌手并小有名气。[②]

黑泽明还在前进,他拍摄了电影《天国与地狱》——又一部被严重低估的犯罪惊悚片,在影评界应该与《罗生门》《七武士》和《蜘蛛巢城》有同等地位——继《用心棒》和《椿三十郎》在商业上大获成功以来的第三部高票房电影。斯坦利·库布里克根据一本小说拍摄了《闪灵》,与此类似,黑泽明的《天国与地狱》也是基于一部小说:艾德·麦克班恩的《国王的赎金》,这是黑泽明第一次改编当代西方作家的作品。不过,按照黑泽明的说法,这部小说"写得并不太

---

① 伯特·卡兰度主编,《黑泽明访谈》,第36页。
② 同上,第40页。

好"。① 即便如此，小说的开头虽有点过时，但还比较有趣。一群男人聚在一起在房间里开会，里面烟雾缭绕，"盘旋在空中就像那些遭到流放的鬼魂的呼吸"，有人觉得这可能是吸引黑泽明的地方。② 小说引起黑泽明注意的、他后来承认"令人惊骇"的是"一个人……绑架任何一个孩子竟然能要求国家或首相来付赎金"。③

  电影的前 1 小时比较贴近原著：书中的道格·金，电影中的权藤今吾（三船敏郎饰演），正忙着筹划一桩让他能够得到鞋业公司控制权的大事，好让某些狂妄的成员离开董事会。这时，有个绑匪联系他，说绑架了他的儿子，结果却是绑匪误抓了权藤司机的儿子。

  然而知道真相后，绑匪还是坚持权藤必须付赎金，这让权藤陷入两难。如果他付了赎金，他就会失去鞋厂的控制权；如果不付，由此造成的不利舆论同样会令他失去刚刚获得的事业成就。小说——给读者们提供了一睹绑匪生活的机会——高潮部分是交换赎金，不过在电影里，这个部分则发生在故事的中间，黑泽明把故事分成两部分，他在《生之欲》中也是这样安排的。

  《天国与地狱》的前半段足以让人患上幽闭恐惧症，这有点像西德尼·吕美特导演的《十二怒汉》，大部分情节都在一个房间里发生，权藤和妻子玲子（香川京子饰演）之间、权藤与助手川西（三桥达也饰演，看起来跟《懒汉睡夫》的三船敏郎很像）之间的紧张气氛在经过一系列精心设置的僵局后，就像沸腾的水要溢出来一样。

---

① 唐纳德·里奇：《黑泽明的电影》，第 58 页。
② 艾德·麦克班恩（Ed McBain）：《国王的赎金》（*King's Ransom*），选自《第 87 辖区小说》（*An 87th Precinct Novel*），伦敦，2003，第 1 页。
③ 伯特·卡兰度主编，《黑泽明访谈》，第 58 页。

熟悉原著的观众可能会好奇，黑泽明是怎样把故事持续了长达2小时23分钟的。电影后半部分主要变成了在日本各地的追逐戏，观众们能看到日本社会上层与下层的对比，提供了一个比《美好的星期天》或《野良犬》还要全面的日本社会全景图。在登上儿玉（回声）号快速列车后，电影出现了紧张而精彩的一幕——随后的东京到大阪的6小时行程中，车上的真正的旅客们成了临时演员——然后是警察按照既定程序办案，黑泽明再现了《野良犬》式顽固，不过又充满了奥托·普雷明格的《桃色血案》式的严密。绑匪带着赎金顺利逃脱，但在路上他又杀死了吸毒的同伙。探长户仓（仲代达矢饰演，在黑泽明的电影中第三次与三船敏郎演对手戏）和他的探员正在办案，在一个安静但又让人紧张的片断里，他们剥茧抽丝，层层分析追踪到的线索，排除后再去寻找新的线索。还有一些镜头在黑泽明之前的电影里常见——毒品魔窟里眼神空洞的女人，像《野良犬》里那些大汗淋漓的舞女们黑暗的影子——不过《天国与地狱》是出自一个技术娴熟的大师之手。没有一个多余的镜头，但每个细节都不缺少。

　　黑泽明没有照搬原著情节，不管是轻松、搞笑（例如让警察乔装打扮），还是黑暗、沉重（黑泽明电影中的绑匪比麦克·班恩笔下的人物还要邪恶，创造了一个先例足以与大卫·芬奇的《七宗罪》相媲美），这显示出黑泽明眼光敏锐，建构出了一个情节紧凑的悬疑片，这样的电影既有娱乐性又充满智慧，在一静一动之间加剧了其中的暗流涌动，观众沉浸在电影所营造的矛盾冲突之中。电影中对"天堂"和"地狱"有很多心照不宣的隐喻，天堂指的是权藤那座在横滨山上的别墅，俯瞰着下面的城市，还有对绑匪而言，接电话时那些此起彼伏的热闹和生机——天堂，是权藤和同事们生活的富人世界；地狱则是充满绝望的、恶臭肮脏的沼泽，是绑匪挣扎逃脱的地方。两处对立在电影最后场景里再次呼应，破产后的权藤见到了绑匪竹内银次郎（山崎努饰演，黑泽明后来又请他出演了《红胡子》和《影子武士》），在镜头里，权藤的脸映在了银次郎身边的玻璃上。黑泽明在这里想要表达的似乎是：两个人之间的差别似乎没有那么大，邪恶是一种选择。在这个时刻，权藤做出了正确的决定。

　　黑泽明与小国英雄、菊岛隆三和久板荣二郎合作编写了剧本，然后于 1962 年 7 月开始确定演员阵容，直至 9 月开拍。① 这真是充满磨难和考验的一年，可能是黑泽明比以往任何时候都对演员和摄制组感到沮丧的一年。尽管他已经声名远扬，还是有些人会给他的公司和工作人员制造麻烦——不过只要他决心拍好电影，这些都不是问题。《天国与地狱》是他的第三部连续热卖的电影，1963 年 2 月电影发行，是当年日本最热卖的电影。但是伴随成功的还有一些负面消息，有些绑架者扬言要绑架黑泽明的女儿和子，电影放映几个月后日本犯罪案件显著增加。

　　1963 年初，黑泽明宣布退出东京奥运会导演的工作，这距离开幕还有 18 个月的时间。这个项目他已经考虑多年，并曾经考察过 1960 年的罗马奥运会。奥委会否决了黑泽明提出的花费巨大的预算计划，而黑泽明也已经失去了对这个项目的兴趣。他的退出虽然无关奥运大

---

① 斯图尔特·加尔布雷思：《天皇和狼：黑泽明与三船敏郎的生活和电影》，第 352—353 页。

局,但对他来说,却预示了后来一次次的被拒绝的命运——潜在的合作者、新电影公司,还有更令人匪夷所思的是来自日本的电影观众。黑泽明事务缠身,忙着考虑新项目,考虑如何拍《天国与地狱》的火车场景——路轨的咔嗒声就像冷酷无情的背景音乐,伴随着后面两个完全不同的灾难:与美方合作的《暴走列车》无疾而终和《电车狂》遭遇票房惨败,他被《虎!虎!虎!》制片方羞辱性地解聘,解聘事件又让他前面两部电影的失败被放大了百倍。

黑泽明可能没有意识到,他的黄金时代已接近尾声。

第九章
1964—1973年：结局

> 我觉得拍这部电影会让我备受折磨。①

就像《美好的星期天》标志着1946年的完美结束，《红胡子》也是一种结束，这被誉为是黑泽明黄金时代的最后一部电影，是他与三船敏郎合作的最后一部电影，也是他的最后一部黑白电影。这部电影把那些在黑泽明电影里反复出现、但备受争议的主题——善与恶、道德责任、幻想与现实、天国与地狱、爱与自我认同——这些多元化的题材统统集合成令人满意的整体。在这部电影中，黑泽明追求"把电影制作的边界推向极限"，多了解黑泽明的其他电影可以帮助人们更好地欣赏此片。②这也是黑泽明继续他的好运气的机会，有充足的资金和时间来实现自己的视觉目标的最后一部电影。这是黑白电影时代走向没落的最后一部电影，"它把黑泽明的电影推到了商业和影评声誉的巅峰"——从此以后，他再也不能不受商业的羁绊，而一心白

---

① 题记出自斯图尔特·加尔布雷思:《天皇和狼:黑泽明与三船敏郎的生活和电影》，伦敦，2002，第480页。
② 唐纳德·里奇:《黑泽明的电影》，加利福尼亚，伯克利，1965，第171页。

由追求心中的艺术了。①

《红胡子》的故事背景（与《用心棒》《椿三十郎》相同）设在了德川幕府时期，片名来自三船敏郎饰演的满脸胡须的医生新出去定的绰号，不过片中的加山雄三才是本片不折不扣的、最吸引人的人物，拍摄《红胡子》时，加山雄三由于一再出演"年轻人"系列电影（有点类似邦德系列片），已经成为日本最著名的影星之一。在片中，他饰演的踌躇满志的年轻医生保本登作刚刚完成了在长崎的几年学业——很像森雅之饰演的"白痴"医生龟田。他来到小石川公共诊所向红胡子医生报到，让他惊讶和失望的是，红胡子连问都没问，就让他当了实习医生。他曾经非常盼望能够到将军府去工作，这下子让他更加失望。诊所里到处都是从贫民窟来的病人，保本拒绝帮助那些人，因为他觉得其他医生会去帮助他们。他拒绝穿工作制服，处处与所长作对，不遵守规章。他与住在诊所里的一个精神病人（由黑泽明的御用演员香川京子饰演，她的名字在演员表上仅仅称为"疯女人"）产生口角。他还去了附近的一处妓院，有机会亲眼看到红胡子所长是怎样认真履行职责的（所长与好几个恶棍大打出手，左边、右边和中间的骨头都断了，就是为了把一个孩子从妓院老板的魔爪里救出来）。保本慢慢意识到诊所工作的重要性，他也认识到了自己的缺点。他把孩子音世（二木照美饰演）带到诊所住下来，这是他的第一个真正的病人。保本体会到耐心、宽恕和理解有多么重要。他不停地工作一直到病倒，这时他和音世换了角色，在红胡子的请求下，现在是音

---

① 斯图尔特·加尔布雷思：《天皇和狼，黑泽明与三船敏郎的生活和电影》，第372页。

世来照顾他。善的果实又带来了更多的善行,音世和一个曾经从诊所里偷米被抓的孩子长坊(头师佳孝饰演,一位不寻常的演员,黑泽明请他出演了《电车狂》《乱》《梦》和《袅袅夕阳情》)成了好朋友,音世答应把每一顿吃剩下来的米送给长坊和他的家人。但是悲剧还是发生了,为了从贫困的苦海中解脱,长坊一家服毒自杀,几乎送命,多亏了红胡子、保本和其他医生的救治他们才捡回了命。在电影的高潮部分,保本得到了他曾经梦寐以求的、去将军府工作的机会,但他拒绝了,坚持要与红胡子一起在诊所里继续工作下去。

在其他人的手里《红胡子》可能就是一出肥皂剧。当然,由于故事的叙事结构,如年轻医生渐渐苏醒的信念、初次面临死亡的老套、第一次目睹手术、孤儿的到来等情节,很容易让人错过了电影更加宏观的主题,本片第一次在美国放映时,很多观众就有这样的体会,错过了真正的主题。这个故事和《椿三十郎》一样,都改编自山本周五郎的小说,并深受陀思妥耶夫斯基的《被侮辱的与被损害的》的影响(黑泽明显然"试图把书中的人物内莉身上的东西"在音世身上也展现出来[1]),《红胡子》与《生之欲》相似,是乐观主义的赞歌,是对《懒汉睡夫》的残酷现实的反击,它就像是"《姿三四郎》式的英雄,《野良犬》里的侦探,《天国与地狱》中的鞋商"。它也是黑泽明塑造给观众的另外一种类型的榜样:一个不成熟的人,从不断变化的生活中吸取到了重要的教训的人。[2] 三船敏郎的角色——就像大河内传次郎在《姿三四郎》中饰演的角色,或者三船敏郎在《泥醉天使》里的

---

[1] 唐纳德·里奇:《黑泽明的电影》,第171页。
[2] 同上。

角色——是导师,而保本是学生。但是这个角色——不同于大河内传次郎与志村乔的角色——内心还有阴影,还需要反省自己,比如,他痛打完那些恶棍后,还表达了自己内心深刻的愧疚之情。

红胡子内心的阴影在保本的一次出行中表现得更清楚。当时有位老人在极度的痛苦中死去,红胡子却告诉老人的女儿,老人死得"很安详",这让保本错愕。"这样就好了,"老人的女儿回答说,"否则生活真是难以忍受啊。"于是,电影似乎想要告诉我们,生活是难以忍受的——生活只能靠那些理解了生活真谛的人的善意谎言才能持续下去。后来,红胡子通过敲诈地方官员才帮助那个老人的女儿脱离困境,这似乎是接受了西幸一(三船敏郎在《懒汉睡夫》中饰演的角色)的说法——有时候为了做好事,你得先做坏事(但是他内心的自我调节得要比西幸一好)。电影还有一长段的、另外一位垂死病人的故事,这个故事发生在那个时期的一次大地震期间(黑泽明非常巧妙地重现了他在少年时期亲眼看到的、地震后的满目疮痍),这些事情让保本明白,活下去的唯一的方式就是把自己的生命投入帮助别人的事业中去。

现在,《红胡子》有时候不被人们重视,有人觉得这部电影预示着黑泽明电影生涯最大的危机,"算是一个失败"甚至有人可笑地认为这是"一系列失败的顶点",很显然,这绝对不是事实。[1]这部电影公映以后在影院热映了数月,是1965年日本票房最高的电影,收获了国内好几个奖项——包括"朝日文化奖""百万珍珠奖"和《电

---

[1] 伯特·卡兰度主编,《黑泽明访谈》,密西西比,杰克逊,2008,第131、67页。

在电影《红胡子》中,黑泽明创造了孩子眼中地震后满目疮痍的景象

影旬报》的"最佳电影"和"最佳导演奖"——后来还获得了苏联和威尼斯国际电影节的奖项。[1]黑泽明的目的是制作一部"非常棒的、观众一定会去看的"电影,但是这一点被那些电影评论的噪音淹没了,或者说掩盖不少。[2]

不幸的是,历史的记录具有非凡的说服力,也最会讲故事。《红胡子》花了两年才拍摄完毕,这给投资电影的东宝带来了麻烦,尤其是两位最引人注目的影星三船敏郎和加山雄三,因此无法出演一些小成本的、但能取悦观众并给东宝带来盈利的电影。三船敏郎也追随同时代很多美国影星的脚步建立起自己的制作公司,合作投资拍片,甚至还导演电影,但是《红胡子》却把他拴住了,而且电影延期也没有给他增加工资。此外,三船敏郎被迫带上了彩色胡须(尽管电影是黑白的,他和黑泽明还是花了好长时间才就颜色问题达成一致),因此他无法同时在其他电影里露面,这可是他以前一直喜欢做的事。

《红胡子》上映后,黑泽明和剧组其他成员又重拍了《姿三四郎》并迅速上映(黑泽明编剧,电影由他的第二工作组助理导演内川清一郎导演),不过电影反应不佳,很显然这是一部速成电影。黑泽明和三船敏郎都把下一步的计划放眼日本之外——三船敏郎在约翰·弗兰克海默的《霹雳神风》中饰演了角色(电影大部分是由一位美国演员给他配音),后来在那部不太成功但是很有趣的电影《决斗太平洋》中他还与李·马文演过对手戏,两人成了好朋友。黑泽明则先是参与《暴走列车》的合作事宜,后来又参与了《虎!

---

[1] 斯图尔特·加尔布雷思:《天皇和狼:黑泽明与三船敏郎的生活和电影》,第386页。
[2] 唐纳德·里奇:《黑泽明的电影》,第171页。

虎!虎!》的合作。

当然，在《红胡子》之后，两人关系的裂痕已经显现出来了，当黑泽明准备为《虎!虎!虎!》选择非职业演员时，三船敏郎对此公开批评说："这等同于挑战所有的日本职业演员。我再也不会参与黑泽明的电影了。"[1] 还有一件可能不为人所知的事情，是黑泽明在10年以后的1975年准备拍摄《德尔苏·乌扎拉》时，他曾和三船敏郎商谈出演事宜，但是三船敏郎经过几周的计划和准备后又退出了，原因是要履行之前的电视合约。[2] 多年以后，在洛杉矶进行的有关《影子武士》的宣传活动上，黑泽明批评了根据詹姆斯·克拉韦尔的小说《幕府将军》改编的、由三船敏郎主演的电视剧，他的批评被有些人认为是两人不和的又一例证——不过黑泽明的话只是针对克拉韦尔的（用黑泽明的话说就是"他研究日本历史应该再认真、努力点"）。[3] 一直到1976年，三船敏郎也提及黑泽明的新电影（大家都知道的、一部没有拍摄的电影），根据双方同事和家人的公开说法，尽管以不同的方式，他们后来还一直保持着联系。[4] 有一点是没有争议的：他们的生活都经历了风风雨雨（三船敏郎陷入了一场痛苦的、旷日持久的离婚官司——《丑闻》的现实版——与此同时，黑泽明自杀未遂），但是他们再也没有一起拍过电影。

读过《暴走列车》剧本的人曾经认为这会是黑泽明最伟大的电

---

[1] 田草川弘（Hiroshi Tasogawa）:《天皇的人：黑泽明的珍珠港》(*All the Emperor's Men: Kurosawa's Pearl Harbor*)，威斯康星州密尔沃基，2012，第239页。
[2]《最棒的电影》(*La Cosa Cine Fantastico*)，2005年7月，第113页。
[3]《劳伦斯杂志——世界》(*Lawrence Journal—World*)，1980年11月2日，第20页。
[4] 斯图尔特·加尔布雷思:《天皇和狼：黑泽明与三船敏郎的生活和电影》，第524页。

影，故事最早来自黑泽明于 1964 年 2 月在文学杂志《文艺春秋》上读过的一篇文章，这篇文章转自美国《时代周刊》杂志。黑泽明被问到刚开始怎么迷上这个故事时，说道："小时候我就非常喜欢机车。"[1] 他与长期的合作伙伴菊岛隆三、小国英雄花了几个月的时间写好了剧本，与美国大使电影公司于 1966 年 6 月签订了拍摄电影的合同。对于黑泽明来说，这是幸运的时刻：这是他的第一部美国电影、第一部英语电影（他不太会说英语）、第一部彩色电影。谈到与西德尼·卡罗尔就剧本的英文版合作时，据报道，菊岛隆三说"电影没有国界"。[2] 西德尼·卡罗尔曾经写过《江湖浪子》的剧本，这是好莱坞影星保罗·纽曼的经典电影。但是这种合作关系还是出现了困难。

首先，日本和美国之间的文化差异非常明显。在日本，导演，比如黑泽明，始终都是电影制作过程的中心；而在美国，制片人则是让项目顺利启动的人。就写剧本而言，在日本，黑泽明写的剧本会很简洁，因为画面都在他的脑中，等需要时他就能把它变成现实；在美国，制片人团队则需要分析电影下一步的进展、规划地点和镜头，为特效之类的做好预算。卡罗尔负责把翻译好的剧本转换成拍摄的脚本——电影拍摄进度取决于这个脚本——日美双方不断地进行修改，但是分歧仍不断涌现，最后出现了猝不及防的结果：黑泽明于 1966 年 11 月宣布拍摄推迟一个月，并把推迟的原因归咎于"准

---

[1] 田草川弘：《天皇的人：黑泽明的珍珠港》，第 44 页。
[2] 同上，第 48 页。

备时间不足"。[1]

十几年后，黑泽明把《暴走列车》合作的失败归咎于坏天气，而有点讽刺的是，黑泽明素以擅长在电影中使用天气元素而著称。

> 在前往雪城的路上，我去了一趟洛杉矶——预定的拍摄地就在雪城和罗切斯特之间的铁路上。那一年雪下得太早了，我们得推迟所有工作，推迟打乱了整个合作项目，但是当时也只能如此。[2]

《暴走列车》最终还是于 1985 年上映了，不过它是由安德烈·康查洛夫斯基执导的——最终版本与黑泽明版本在好几个方面都有出入（据说此片有三个版本），尤其是包括了黑泽明最不喜欢的那个冗长的监狱部分。[3] 对于最终的电影，黑泽明说："如果我自己去拍《暴走列车》，应该会很不一样。"[4]

在此期间，他在东京见到了印度著名导演萨蒂亚吉特·雷伊，感到非常欣慰。他说："如果没有看过雷伊的电影，就如同在世上没有见过太阳或月亮。"[5] 雷伊是位著名的《罗生门》迷（他尤其被电影"锋利斧刃般的精确剪辑"折服[6]），他比黑泽明小 10 岁左右，但是

---

[1] 出卓川弘:《天皇的人：黑泽明的珍珠港》，第 52 页。
[2] 伯特·卡兰度主编,《黑泽明访谈》，第 33 页。
[3] 斯图尔特·加尔布雷思:《天皇和狼：黑泽明与三船敏郎的生活和电影》，第 448 页。
[4] 伯特·卡兰度主编,《黑泽明访谈》，第 133 页。
[5] 安德鲁·罗宾逊（Andrew Robinson）:《萨蒂亚吉特·雷伊，内眼：电影大师的传记》(*Satyajit Ray, The Inner Eye:The Biography of a Master Film—maker*)，伦敦，2003，第 96 页。
[6] 安德鲁·罗宾逊:《萨蒂亚吉特·雷伊：电影的想象》(*Satyajit Ray:A Vision of Cinema*)，伦敦，2005，第 284 页。

经常被视为黑泽明的同时代导演，他承认在会面前有些紧张，不过他对黑泽明的"意想不到的温和"感到非常惊讶，因为据传黑泽明在片场的脾气都是非常火暴的。①

再回到1962年，达里尔·F.扎努克拍摄了《最长的一天》，一部有关第二次世界大战的史诗巨片，它从美军、英军、法军和德军四方相关的角度讲述了诺曼底登陆战役的故事。不寻常的是当时法军和德军都说各自的语言，他们的话要翻译成英语字幕给观众看（不过还有一个配音版，只在一个小圈子里放映过）。此片获得比1000万美元投资高5倍的收入，并收获包括最佳电影在内的多项奥斯卡奖项，所以《最长的一天》原班人马决定投入下一部有关日本袭击珍珠港事件的电影一点儿都不奇怪，这部电影就是《虎！虎！虎！》。与扎努克合作《最长的一天》的埃尔莫·威廉姆斯被提拔为《虎！虎！虎！》的制片人，他也是黑泽明的影迷，《生之欲》是他的最爱（不过在1966年的一个私人放映场合，他选择了《罗生门》与《七武士》给扎努克和同在剧组的其子理查德观看，以增加对黑泽明的认识）。威廉姆斯找到黑泽明的公司，并与青柳哲郎进行了第一次联络，青柳哲郎在1965年受邀加入黑泽明的公司，负责帮助黑泽明找到除东宝以外的任何公司合作——"海外的任何地方都行"。②（虽然青柳哲郎比黑泽明小24岁，但黑泽明通过他的父亲，东宝的资深导演青柳信雄认识了他）1966年12月，经过努力，终于促成了黑泽明与埃尔莫·威廉姆斯的合作会谈。

---

① 安德鲁·罗宾逊：《萨蒂亚吉特·雷伊，内眼：电影大师的传记》，第337页。
② 田草川弘：《天皇的人：黑泽明的珍珠港》，第35页。

从一开始，关于合作的关键细节就因为翻译的问题而遗漏了。比如，黑泽明本以为他在电影最后的剪辑方面（无论是日方负责部分，还是美方负责部分）有发言权，但事实并非如此（威廉姆斯负责了这项工作，他坚持最后的电影由他和理查德·弗莱彻进行密切合作。让黑泽明失望的是，理查德·弗莱彻最终担任了美方的导演——他原来一直期待导演应该是像他这样的级别，比如大卫·里恩）。关于剧本，双方也有着巨大分歧：黑泽明、小国英雄和菊岛隆三的剧本主要聚焦到山本五十六身上，但是在威廉姆斯看来，这部电影应该均等地从双方的角度来呈现冲突。经过无数次的外交式协商、讨论、高层会议（如1967年7月在夏威夷开会时，黑泽明因为他拍的开头部分被删了而暴怒不已，同时他还得费力读懂为他写的、但没有翻译成日语的新剧本，于是他拒绝走出酒店，让青柳哲郎作为自己的谈判代表）和小小的让步，剧本终于写好——尽管在剧本方面达成了一致，黑泽明和二十一世纪福克斯公司之间的矛盾却加剧了。

有些问题，如黑泽明的工作方式，可以解释为大家的期待有所不同。例如，在拍摄《红胡子》时，黑泽明让人把电影中办公室里的柜子"刷上油漆、除掉、又刷了好几次"直到他满意为止。[1] 类似的，黑泽明自己选了用在医院大门和围栏的木头，坚持要使用"尽可能最旧的木头"——事实上，片场几乎没有用到。[2] 黑泽明曾在一家他不熟悉的公司"东映映画株式会社"[3] 拍过电影，与他合作的都是些不熟

---

[1] 斯图尔特·加尔布雷思：《天皇和狼：黑泽明与三船敏郎的生活和电影》，第378页。
[2] 同上。
[3] 东映映画株式会社：日本电影制片企业，以下简称"东映"。

悉的人。这些工作人员希望得到比黑泽明以往的同事更多的自由。结果，他的要求——例如，让片场的背景油漆刷上几遍——有人觉得太过分了，造成了团队的团结问题，进而导致拍摄进度受影响。还有一个更大的问题是黑泽明在片场经常习惯性地迟到，如果所有报道属实，他是因为喝醉而迟到的。再加上黑泽明的健康问题（他被服务员发现昏倒在所住旅馆的床边，电影开拍10天后，他就住进了京都大学医院），还有其他一些令人不解的行为（据说他还很担心黑帮介入——考虑到当时东映因拍摄很多部廉价的黑帮电影而出名，这也并不令人惊讶，有些年轻演员热衷于在做事和装扮上都像黑帮分子，他们嘲笑黑泽明那些衣着光鲜、整洁的水手，并在片场制造麻烦——他要求工作人员在片场穿制服并向他敬礼），所有这些原因导致制片方最后解雇了他。[①]

但是也有一个未经证实的说法，据传，黑泽明忘记了他被解雇的那次谈话（他被两位与他不和的导演深作欣二和舛田利雄取代后，过了好几个星期，身体复原后他又回到了摄制组）。类似的刻薄和混乱的说法甚嚣尘上。威廉姆斯在新闻发布会上解释，黑泽明是因为身体状况不佳而辞职的，黑泽明则在新闻发布会上说他是被解雇的。与此同时，黑泽明的公司也深陷泥潭。替黑泽明负责重要的对外交流事务的青柳哲郎被曝出很多重要信息没有告知黑泽明，也没有跟黑泽明商议就替他做了答复。后来，青柳哲郎和公司的会计野村召开新闻发布会，宣布由于黑泽明采取了针对他们的措施，他们决定

[①] 田草川弘：《天皇的人：黑泽明的珍珠港》，第201页。

辞职。因此，这证实了媒体的一些关于黑泽明有点崩溃的说法——甚至黑泽明公司的人也开始关注起明显的会计违规问题，如青柳哲郎有一次压着数额庞大的资金等问题。黑泽明在《虎！虎！虎！》电影上遭遇惨败，然而更雪上加霜的是他和菊岛隆三的关系也破裂了，两人自从1949年以来就经常合作，但从这以后再也没有合作过——菊岛隆三说过与黑泽明"根本无法合作"。①

虽然最后拍好的电影没有署上黑泽明的名字，但他的印记随处可见，如电影最后拍摄的剧本与他们在1968年5月达成协议的剧本非常相似，演职员阵容中也包括了藤田进和东野英治郎，还有艺术指导村木与四郎，他为电影赢得了一项奥斯卡奖。黑泽明本人没有看过此片。1969年3月，在东京都的赤坂王子饭店举行的黑泽明59岁生日庆祝会，给过去4年的风风雨雨画了句号。庆祝会上装饰着"黑泽明——拍部新电影！"的标语。但是，最糟糕的还是到来了。

日本电影产业的变化带来很多困难，诸如电影公司如何投资电影、如何把握观众喜好等，黑泽明并不是唯一面临这些困难的导演。为了战胜这些困难，黑泽明与其他三位导演进行了合作：市川昆（与黑泽明同时进入东宝，和黑泽明的事业相似，他也做了包括剧本改编在内的工作，如一些有趣的文学作品的改编：谷崎润一郎的《键》，夏目漱石的《我是猫》和三岛由纪夫的《炎上》，还有一些比较灰暗、特别的作品，如《缅甸的竖琴》和《平原上的火》）、小林正树（他刚到松竹开始工作不久，就被征兵入伍送到中国东北作战，战争的经历培养了他激烈的反战思想，充分体现在他战后的作品中。不过，那时

---

① 斯图尔特·加尔布雷思：《天皇和狼：黑泽明与三船敏郎的生活和电影》，第469页。

被人们记住最多的却是《切腹》，此片获得1963年"戛纳电影节评审团大奖"，《怪谈》获得了1965年"戛纳电影节评审团大奖"和"奥斯卡最佳外语片奖"提名）和木下惠介（是一位富有创新精神、技术上不断大胆求新的电影导演，和小林正树的经历相似，职业生涯刚刚开始就被征兵入伍，但是他战胜了自己，成长为一名拒绝被任何特定领域传统束缚的著名艺术家）。黑泽明1981年对采访他的汤尼·雷恩斯说：

> 我们想成立一个小组，发展成日本电影业的"核心"。我们不想拍部电影却每一步都要为之战斗。我们觉得这是拯救日本电影的方式。①

他们独树一帜，成立了"四骑士电影制片公司"，四人同意开拍的第一部电影是黑泽明的《电车狂》。

日语片名来自剧中小男孩小六做动作时发出的声音，他是个自闭症儿童（由《红胡子》里的头师佳孝饰演），每天他都假装成有轨电车司机，一遍遍地发出丁零丁零的声音，他和那位总是被人利用的妈妈住在当地一个垃圾场附近的房子里。周围有些无聊的人对他充满恶意，称他是"电车狂"，还故意破坏他们的房子。《电车狂》在脉络上与《低下层》很相似。电影开始后小六出场并不多，除了他以外，还有两个经常打老婆的醉鬼；一个无家可归的人和他的儿子，他们整天

---

① 伯特·卡兰度主编，《黑泽明访谈》，第85页。

电影《电车狂》中的场景

做着有一天能住进大房子的梦来打发日子；一个被人利用的生意人，和他的那面部抽搐、可怕、脾气喜怒无常的老婆；几个整日里散布流言蜚语的女人；被老婆背叛而心如死灰的心碎男人；一个占可怜女儿便宜的可恶继父，和当地的一位智者，有点像《低下层》中左卜全饰演的僧人，经常给人说点圣者的建议和好心的教训，但是没有任何实际用处（说给《电车狂》里的好几个人物听）。

拍摄之前，黑泽明说："我觉得拍这部电影会让我备受折磨。"后来他又说，"工作从来没有这么轻松过"——拍摄一部非常不平凡的电影的两个极端感受。① 不平凡的部分原因，是里面有些故事比其他故事呈现的效果好。有些故事有结局——比如计子（山崎智子饰演）的故事，她最后报复了虐待狂继父（他发狂的几幕是电影拍得最好的部分之一）——还有些故事没有结局［比如心碎的平先生（芥川比吕志饰演）无处可去，在整个电影里只是在同一个地方游荡］。奇异的是，有些不平凡之处是靠黑泽明对光和影的高超把握（看看那两个醉鬼哪里情况变得太严重就在哪里出现）而实现的。《电车狂》的优秀之处还在于演员的传神表演：伴淳三郎饰演的岛悠吉先生和渡边笃饰演的丹波（他是电影中最佳角色之一——就像他在《生之欲》和《用心棒》中的出色表演一样。藤原釜足饰演戏中的小配角——一位请求丹波把他毒死的老人），可惜他们的出色表演被其他角色和故事冲淡了，这些角色和故事占据了电影大量的篇幅。比如，人们会想到那对贫困潦倒的父子，他们的饥饿和有毒的食物让人想到了美国的

---

① 斯图尔特·加尔布雷思：《天皇和狼：黑泽明与三船敏郎的生活和电影》，第480页。

"杰斐逊飞机乐队"的视频。不管怎么说，这都是一部重要的电影。《电车狂》是黑泽明的第一部彩色电影——他只在《天国与地狱》中用过一次色彩，片中一缕粉色的云暴露了绑匪的位置——这被视为对于日本电影业对他的批评的回击。据说他不到一周就写好了剧本，两个月完成拍摄和制作，花的时间不到《红胡子》的五分之一。[①]黑泽明想让人们知道他没有疯，想让电影业的人们知道他可以按照预算、按时完成电影，遵守协议的最后期限。他也是在推动自己离开那些他在20世纪四五十年代就合作的熟悉面孔，转向那些新的、年轻的演员，舍弃他以前为了让演员进入状态而进行的长时间的排练。黑泽明还在试验，比他之前的事业进行的试验还要多。没有比《电车狂》的视觉效果表现得更明显的片子了，这要感谢凡·高，这也清晰地预示着《梦》的到来。

"四骑士电影制片公司"的第一部电影就非常遗憾宣告了四个人的合作终结（市川昆在2000年把四骑士公司的一部剧本《放荡的平太》搬上了银幕，编剧包括黑泽明）。《电车狂》在国内外都获得了一些奖项，还获得"奥斯卡最佳外语片奖"提名，但是电影失败了——在票房上（而这正是黑泽明最希望它成功的地方）惨败。虽然按照黑泽明的标准，这是部低成本的片子，但《电车狂》却是他15年以来，首次在票房上失利的电影。不过这不是造成四骑士公司失败的唯一原因，"这种联合是建立在我们每个人都有强烈个性的基础上的。"黑泽明说。[②]

[①] 斯图尔特·加尔布雷思：《天皇和狼：黑泽明与三船敏郎的生活和电影》，第474页。
[②] 伯特·卡兰度主编，《黑泽明访谈》，第86页。

《电车狂》的视觉效果清晰地预示着《梦》的到来

黑泽明现在站在了事业的一个转折点上，在这个点上，一个失败招致更多的失败。好长一段时间，他好像都不能再拍电影了。鉴于他全心全意的工作方式，和工作占据生活的比重太大，在遭遇了《电车狂》失败的噩梦后，他试图自杀的想法也不是那么令人惊讶（不过需要指出的是，自杀在日本被认为是"很自然、符合逻辑、永远都是人生的选项和对走投无路的生活的反应"①）。1971年12月22日，黑泽明用剃须刀片割伤喉咙和手腕。家中的女仆发现他倒在浴室的地板上，躺在血泊里。多年以后对这一幕他还讳莫如深，他只是说："那时，我根本无法忍受还要继续活下去，一分钟甚至一秒钟都不愿意。"② 后来他和家人非常平静地生活了一段时间，陪伴他的还有几只狗。莫斯科电影节上放映了《电车狂》，此次旅行给了他东山再起的决心，他经受住了职业生涯中最黑暗、最悲观的磨难，创造出了最为辉煌的、最后的绚烂成就。

---

① 唐纳德·里奇：《黑泽明的电影》，第195页。
② "《电车狂》：与野上照代的谈话"（"'Dodes'ka-den: A Conversation with Teruyo Nogami'"），朱莉·温特斯·卡朋特（Juliet Winters Carpenter）译，www.criterion.com，2009年3月18日。

第十章
1975—1985 年：庄严的盛典

> 你可能在同一个地方跌倒七次，但只要第八次站起来，你就赢了。①

黑泽明在很多方面是幸运的。从 20 世纪 60 年代早期以来，日本电影业经历了剧变，同时代的很多同行的事业都陷入困境。虽然他也不能完全逃离剧变带来的影响，但是由于他的电影在影评界享有极高的声誉，这就抵挡了一些更加平民化的、流行商业片的冲击。按照日本的标准，毫无疑问黑泽明的电影成本很高，他从《电车狂》里得到的教训是，以他目前的水准，如果想继续拍电影，每一部电影他需要至少 300 万美元，这样拍出的电影才能吸引他需要的那一类观众。1973 年，苏联给他提供了这样的机会。

黑泽明非常崇拜罗伯特·弗拉哈迪于 1922 年拍摄的默片《北方的纳努克》，电影记录了在加拿大北极圈内，因纽特人首领纳努克一家人的生活，这部电影被公认为是第一部纪录片（围绕弗拉哈迪也有

---

① 题记出自斯图尔特·加尔布雷思《天皇和狼：黑泽明与三船敏郎的生活和电影》，伦敦，2002，第 562 页。

一些争论，质疑他有些关键的场景是表演出来的）。黑泽明有可能在12岁时被他的父亲、姐姐或哥哥丙午带去看过这个片子。接受了苏联的邀请后，黑泽明选择拍摄《德尔苏·乌扎拉》正是受了《北方的纳努克》的影响，或许他想重申拍电影的基本原则。黑泽明回顾了自己的人生，把他认为重要的主题重新梳理，经历了前面10年里发生的一些灾难性事件（《电车狂》之后，黑泽明还参与拍摄纪录片《马之歌》。本片是对他给导师山本嘉次郎做助理导演时拍摄的最后一部电影《马》的回顾和纪念。黑泽明刚刚出发去苏联不久，山本嘉次郎便去世了），他对人生和主题的思考在《德尔苏·乌扎拉》里都有折射。我们也知道黑泽明是探险家阿尔谢尼耶夫的书迷，这部电影就是根据他的书改编的。在他还是名年轻助理导演时和拍完《白痴》后，他都曾经考虑过改编这本书。

本片记录了20世纪初，阿尔谢尼耶夫对西伯利亚荒野进行三次考察的探险经历，《德尔苏·乌扎拉》的片名来自阿尔谢尼耶夫遇到的一位猎人，他们成了好友，猎人也代表了黑泽明的某种心理上的转折点。德尔苏和黑泽明的武士在很多方面有相似点，如在危机面前看到别人所不能看到的，知道该怎样度过危机，做起事来意志坚定、客观冷静。同时，随着故事的发展，我们也看到毕竟岁月不饶人，德尔苏有时也会误解了同伴的意思，视力越来越差（黑泽明也是这样的），挣扎着适应不断变化的世界——纷繁烦扰的、对他而言又是灾难性的变化。如果我们从电影里的人物来寻找黑泽明的影子，那么德尔苏就是《电车狂》里丹波的化身——一个感知世界的罪恶，但却又对改变有心无力的人物。尽管他从小学到的就是如何保护自己，但这个世界还是处处与自己作对。黑泽明的主题并不仅局限在这里：电影开头，阿尔谢尼耶夫试图找到德尔苏的墓，他向路人询问，但路人也不知道墓在哪里——世界已经忘记德尔苏了，随着这个镇的不断扩张，他那荒凉的墓已经被遗忘了，这似乎也是对持有反商业化立场的电影《天国与地狱》和《用心棒》的呼应。这是一个另类的注解，给这部看起来好像是歌颂友谊和自然之美的电影做了另一番理解，不过考虑一下本片对原著开头和结尾结构上的偏离，这好像是黑泽明竭力想表达的主题。琼·梅兰则贬低了《德尔苏·乌扎拉》：

> 风格毫无特色……黑泽明对于人物面对生活痛苦的关怀不见了……让人活下去的希望……也不见了。①

不过，片中也有这样一些镜头，如在电影第一部分结束时，德尔苏和阿尔谢尼耶夫在荒野里度过的那个晚上，他们奋力在暴风雪里用芦苇搭起了小窝。还有电影后半部分他们过河时，我们看到人们结伴走在一起，不时地一起唱歌、说笑、互相陪伴，这表明黑泽明可能对日本，甚至是整个世界，也已经不抱幻想了，他对暴力、污染和各种社会苦痛非常失望。他说：

> 我希望全世界的人们都能向这位苏联的远东人学习，学习他与自然和谐共处……如果自然被破坏，人类也会遭受磨难，我们

---

① 唐纳德·里奇：《黑泽明的电影》，加利福尼亚，伯克利，改进版，1998，第197页。

能从德尔苏身上学到很多东西。①

很有可能黑泽明"像很多日本人一样,已经没有信心相信人们有能力让世界变得更美好,能够减轻痛苦、去除不公",但这并不意味着他不相信将来没有可能改变。②

经过与苏联作家尤里·纳吉宾多次合作、修改剧本后,黑泽明和他的少数几位长期的合作者(用电影导演克里斯·马克在他的传记电影《黑泽明》里说的"忠心耿耿的方阵")来到苏联外景地准备拍摄电影。方阵里面包括资深场记野上照代,她后来升职做了《德尔苏·乌扎拉》的副导演;摄影师中井朝一,黑泽明从《我于青春无悔》时开始常与他合作。在外景地,他们得与零度以下的低温、疾病(黑泽明在此期间得了几次感冒,引起了腿病,此后多年也没有好)、冻伤、便秘和维生素缺乏展开斗争。电影于 1974 年 2 月开拍,持续了 18 个月。黑泽明好像又回到了早期的工作状态。电影公映以后,尤其是在日本,反响不一。电影获得了 1975 年的"莫斯科电影节金奖"、1976 年"奥斯卡最佳外语片奖"和 1979 年意大利"大卫奖"。

回到日本后,黑泽明的社交活动更多了,至少就他的知名度来说,他从前不愿意与媒体打交道,现在也参加了一些媒体的活动,尽管他的电影变得越来越黑暗——"黑泽明的公众人物身份与艺术家身份似乎有点互相矛盾"。③许多一直支持黑泽明事业的拥护者对他

---

① 唐纳德·里奇:《黑泽明的电影》,第 198 页。
② 同上,第 199 页。
③ 斯图尔特·加尔布雷思:《天皇和狼:黑泽明与三船敏郎的生活和电影》,第 512 页。

给三得利威士忌酒做广告而深感失望。因为他一直为拍电影努力寻找资金支持,因此接拍广告也就不奇怪了。他其实并不愿意上电视,因为电视上说那些优点有些是强加到他身上的。①(他曾经得到过根据克拉韦尔的小说拍摄改编电影《幕府将军》的机会,但是拒绝了,他说:"我让人翻译了,当我听到这个故事时非常震惊,因为这与日本历史的出入太大了。很多事情在那个时代是不可能发生的,也是难以置信的,所以我的反应是无法把它拍成电影。")几十年沉迷于工作让黑泽明在家庭生活方面付出了代价,自杀未遂后的那几年至少给了他与家人相处的时间,特别是与女儿黑泽和子的关系越来越密切。和子已经结婚,并于1978年生下第一个孩子,黑泽明和妻子又搬家了,搬到了涩谷虾夷社区的一栋公寓里。

在一个寻求资金回报的产业里,最重要的事情就是要想办法让项目成功(《德尔苏·乌扎拉》和《电车狂》都没有做到)。黑泽明写了3个剧本——《影子武士》《乱》和根据埃德加·爱伦·坡小说《红死病的假面具》改编的一个剧本,他还绘制作了历史上最大规模的故事情节图板。围绕着《影子武士》的资金谈判让他"非常恼火",这是3个剧本中第一个获得商业合同的,黑泽明写道:"白天我不断地画,把头脑中的形象变成'静止的图片',我为《影子武士》绘制了几百个这样的图板。"②黑泽明为电影画图板的做法一直延续到《乱》和《梦》两部电影的拍摄,到后来甚至连一些比较温情的电影,如《袅袅夕阳情》和其他两个剧本上都用到了。这两个剧本在黑泽明去

---

① 黑泽明,《劳伦斯杂志——世界》,1990年11月2日。
② 斯图尔特·加尔布雷思:《天皇和狼:黑泽明与三船敏郎的生活和电影》,第517页。

黑泽明在《影子武士》片场

世后搬上了银幕，分别是《雨停了》和《大海的见证》。他继续在向全世界展示着自己的艺术创作，2010 年为了庆祝黑泽明的百岁诞辰，还推出了一款以他的作品为主的 iPad 应用程序。

令人欣慰的是，他与乔治·卢卡斯和弗朗西斯·福特·科波拉不断加深的友谊帮助他解决了资金上的困难。黑泽明获得的意大利"大卫奖"包括了环游世界的飞机票，他用这个机票去加利福尼亚拜访了科波拉。在乔治·卢卡斯为他举行的午宴上，那些与会者居然对他的电影理解很深，这让黑泽明非常惊讶。"如果我把约翰·福特看成父亲，"黑泽明说，"我猜，这么说你们也是我的孩子。"[①] 科波拉和卢卡斯两人最后极力说服艾伦·拉德给《影子武士》投入了资金。

很多影评家把《影子武士》看成是黑泽明最黑暗的电影，《影子武士》的灵感和《七武士》一样，来自对古代的一位将军武田信玄的一段历史记载，当时他雇用了一个替身来迷惑敌人。电影开头是一个未经剪辑的、黑泽明所有电影里最长的单镜头，武田信玄（由黑泽明的御用演员仲代达矢饰演）正在与弟弟信廉（山崎努饰演）谈话，一个小偷（也是由仲代达矢饰演）也在现场。信廉过去曾经扮演过哥哥的替身。谈话气氛非常不友好，小偷指责信玄也是有罪的——信玄回应说："你觉得我有多坏就多坏，我就是一个恶魔。"不过，小偷逐渐明白了信玄是有着某种更高尚的目的。不久以后，信玄和士兵站在他的死敌之一（德川家康）的城堡外被暗枪打伤。德川和另一位将军织田信长（分别由油井昌由树和隆大介饰

[①] 约翰·巴克斯特：《乔治·卢卡斯：个人传记》，纽约，1999，第 275 页。

在电影《影子武士》的开场戏中,非常巧妙地处理了武田信玄和他替身的镜头

演,他们继续出演了黑泽明其他的电影)结成联军对抗信玄,他们急切地想知道信玄究竟有没有死。信玄在重伤之下秘密召集最亲近的家臣,下令在他死后,让那个小偷做他三年的替身。一开始小偷不同意(他发现了信玄的尸体被保存在一个大瓮里,不想涉足这个计划),但是渐渐地他被说服了,是因为他对信玄的敬仰与日俱增,还有他越来越喜欢信玄的孙子(他是第一个举起手来暗示小偷不是信玄的,就像安徒生童话《皇帝的新装》里的那个小男孩)。不幸的是,小偷被严密监视(有3个蠢笨的间谍)并遭到信玄的儿子胜赖(萩原健一饰演)的嘲讽,他觉得父亲指定替身来迷惑敌人是对他的背叛。胜赖拒绝遵守父亲家臣的建议,带兵出战为自己正名。《影子武士》里有一些混乱的、充满了血腥的战争场景——比起黑泽明的《七武士》中相似的、干净利落的场景,不禁让人痛惜。奇怪的是,正是这些表面看起来宏大的战斗场面,反而削弱了电影的表现力,没有能够成为像《乱》这样的真正经典的电影。

计划一直进行得很成功,但是最后小偷的身份被识破,导致胜利成了一场空。小偷当时试图去骑那匹只有真正的信玄才能骑的马,结果他被甩下马背,然后被赶走了。胜赖骄傲轻敌,对德川和织田发动了进攻,结果他和士兵被击溃最后覆灭。目睹了这一切,小偷吓得目瞪口呆,电影最后他试图抓住代表信玄的旗帜,然后死去了。有人说他死得壮烈,其他人则觉得悲哀,逃脱不了悲剧的宿命。

《影子武士》的亮点不止这些。首先,它是黑泽明第一部获得巨大成功的彩色电影,色彩的娴熟运用就像他以前使用黑白两色一样。《影子武士》从视觉效果上看是一场血腥的盛宴。由于高潮部分非常

《影子武士》是黑泽明第一部获得巨大成功的彩色电影

血腥、暴力，很容易让人忘记或忽视了这其实是一部非常有趣、滑稽的电影，可以算是黑泽明最滑稽的电影——虽然幽默是透过残酷、可怕的绝望表现出来的。从叙事角度看，电影回到了黑泽明的重要主题——感知和现实——上，这些主题以不同的方式被表现出来。或许最让人印象深刻的是电影开头非常巧妙地表现了信玄与替身见面时的场景。《影子武士》在感知和现实这一主题的处理方式与前面的电影——《罗生门》《生之欲》和《椿三十郎》——的不同点在于：

> 他几乎从来没有如此严格地处理这个主题……例如，在《罗生门》中，表象与现实的主题更多的是暗示而不是直接表现出来，它还是一部关于强奸和谋杀的电影。而《影子武士》则完全直接与主题相关，或者说电影本身就是主题。①

"没有真人，影子根本就不会存在"，信玄的弟弟信廉承认。②《影子武士》和《蜘蛛巢城》类似，他们属于同类型电影，不过《影子武士》拍得比较省钱，有点超现实（里奇谈起这个片子，说它是"另外一个世界的，人们能想得出来每一个细节，但是与我们的世界没有什么联系"③），是黑泽明拍过的电影中结构最清楚的（黑泽明拍最后的战斗时，使用了严格的构图方式，站在一边，在远处拍摄）。鉴于电影制作过程中发生了诸多混乱状况，甚至比黑泽明拍摄《战国英豪》经历的

---

① 唐纳德·里奇：《黑泽明的电影》，第 210 页。
② 黑泽明和小国英雄：《乱》，马萨诸塞，波士顿和伦敦，1986，第 5 页。
③ 唐纳德·里奇：《黑泽明的电影》，第 211 页。

混乱还要严重,这部电影绝对是一部奇迹。

黑泽明在拍摄《德尔苏·乌扎拉》时失去的,在《影子武士》中都还回来了——他的"体重增加了约20磅、皮肤被太阳晒成古铜色、行动敏捷——别人几乎都追不上他"。① 知道自己又能在日本拍电影了,而且拍一些他有信心能拍得好的电影,黑泽明感觉自己恢复了活力,他以极大的热情投入电影摄制工作中,他"挖沟、建挡墙、耙碎石",② 让剧组人员惊诧不已。他还与《哥斯拉》导演本多猪四郎密切合作,本多猪四郎担任了电影监制,在片场是黑泽明的第二双眼睛和耳朵,他们后来在《乱》和《梦》中也有密切合作。尽管有一些意外发生,如炸弹引起的恐慌,与他长期合作的摄影师宫川一夫因健康原因不能前来,不得不在充满现代景象的环境里拍摄,原先拍摄《幕府将军》的计划不得不换成拍摄《影子武士》等状况,还有电影拍摄的第一天发生了换角风波(胜新太郎是饰演信玄的最初人选,拍摄时他带一个助理来录像,干扰了黑泽明三部摄像机的安排,黑泽明要求胜新太郎要么被解雇,要么自己离开,这个插曲让报纸热闹了好几个星期),黑泽明还是"保持了连续的节奏"。这部电影"是他最富有激情的电影之一,里面还插入了一些富有禅意的、庄严寂静"③ 的片段和莎士比亚式的"恰到好处的妙语箴言"。④

从技术上讲,《影子武士》继续了黑泽明从《红胡子》开始的正

---

① 斯图尔特·加尔布雷思:《天皇和狼:黑泽明与三船敏郎的生活和电影》,第548页。
② 同上。
③ 选自《奥赛罗》第二幕第三场。
④ 斯图尔特·加尔布雷思:《天皇和狼:黑泽明与三船敏郎的生活和电影》,第548页;彼得·考伊:《黑泽明:电影大师》,纽约,2010,第181、180页。

黑泽明在日本又充满活力地工作了

式风格,避免使用划、长镜头、蒙太奇等追求"在框架里的画面效果"的手法,不再使用早期作品中的"分隔式的剪辑",而是尽量保持"电影中平稳的画面"。① 这并非减弱"主导《影子武士》的悲观主义的、挽歌式的"基调——相反,这是一部"庄严的盛典",再次让黑泽明享誉世界。他获得了戛纳"金棕榈奖"(与鲍勃·福斯的《歌厅》② 并列,曾经让在场的观众倍感失望,他们觉得《影子武士》应该独享此殊荣),他还获得了去美国旅行的机会,并受到了比利·怀尔德、约翰·福特等美国著名人物的热情招待。③ 更重要的是,尽管电影在日本推迟上映引起了东宝的担心以及国外媒体的喧哗(美国记者错误地宣称这是迄今为止日本最昂贵的电影),电影在日本上映两周就收回了投资(因为美国的分成比预想的要高,所以最终在商业上的成功稍稍打了点折扣)。

从黑泽明所获得的成就来看,20世纪80年代是他最为成功的时代。除了与鲍勃·福斯分享的金棕榈奖之外,《影子武士》还获得了"报知电影奖"、"蓝丝带奖"、日本"每日电影奖"和"读者奖"、法国"恺撒奖"、意大利"大卫奖"(最佳外语片奖)、意大利电影评论家协会与意大利电影新闻记者协会颁发的"银缎带奖"、"英国电影与电视艺术学院奖"——这才是开始。此后,他又获得了1985年威尼斯电影节"终身成就金狮奖"、1986年丹麦"影评人奖",后来他又因《乱》在美国获得一系列的奖项,如"洛杉矶影评人协会奖"、

---

① 史蒂芬·普林斯:《武士的镜头:黑泽明的电影》,新泽西,普林斯顿,1991,第278页。
② 并列获奖影片应为《爵士春秋》(*All that Jazz*),作者有误。
③ 彼得·考伊:《黑泽明:电影大师》,第180页。

"纽约影评人协会奖"、"波士顿影评人协会奖",此外,还有他的故事图板展和主要电影回顾展等国际展览。1980年,黑泽明还出版了前半段人生的自传①,反响热烈。

反思自己的成就,黑泽明说:"日本有一句谚语,'你可能在同一个地方跌倒七次,但只要第八次站起来,你就赢了。'"②这些成功最终——即使非常曲折的(下一部电影的资金问题更加拖沓、复杂和令人头疼,其中有来自日本的先驱电影公司、住友银行的资金支持,还有波兰裔法国制片人塞尔·西尔伯曼的资金支持。塞尔·西尔伯曼担任了路易斯·布努埃尔后期电影的制片人,在电影界非常有名)——为黑泽明最想拍摄的下一部电影《乱》开辟了道路。

虽然通常翻译成英文"chaos(混乱)","乱"这个字的意思实际上比较复杂,有地下叛乱造成的动荡不安之意。虽然人人皆知本片灵感来自《李尔王》,实际上黑泽明是在研究战国时代的军阀毛利元就的故事时才想到了李尔王——和李尔王一样,黑泽明影片里的秀虎也有3个孩子,并想办法去教育孩子们(《乱》里3支箭的寓言故事来自历史记录,不过折断3支箭则是黑泽明的发明),他也经历了悲痛(据说毛利元就的长子被人用毒药暗杀)。结合了历史元素和想象,加上比其他电影更为深刻,且自传色彩浓厚,黑泽明的李尔王秀虎是经过多年的发展和琢磨才形成的。黑泽明对故事做了几处比较重大的修改,讲述了他想要讲述的故事,他让故事背景更加丰富,秀虎(再次由仲代达矢饰演,这是他职业生涯中最受好评的角色)和其他

---

① 即黑泽明的自传:《蛤蟆的油》——译注
② 斯图尔特·加尔布雷思,《天皇和狼:黑泽明与三船敏郎的生活和电影》,第562页。

黑泽明在《乱》的片场

一些相关的角色都拓宽了《乱》的故事。《乱》是一部可以从多角度观看的、包罗万象的史诗巨作,是"从天国观看的人类故事"。①

故事开头是年老的领主秀虎端坐在山顶的军帐里,旁边还有3个儿子,太郎、次郎和三郎(分别由寺尾聪、根津甚八、隆大介饰演),最信任的家臣平山丹后(油井昌由树饰演),还有附近的另外两位领主——藤卷信弘和绫部政治(分别由植木等和田崎润饰演),秀虎与两人结成的联盟并不稳固。秀虎在谈话期间睡了一觉,醒过来后,他宣布了一项安排(让大儿子继位)引起了家庭矛盾,冲突中,他听信了太郎和次郎的奉承之词,只有三郎不愿接受他的安排,秀虎非常恼怒,最后把三郎和丹后都流放了,就像李尔王赶走了考狄丽亚和葛罗斯特(不过黑泽明的葛罗斯特并没有试图伪装自己,他后来又回到了李尔王身边)。太郎成为了主君,掌握大权但是没有名号,秀虎保留了自己的地位和侍从,不过境况已经大不如前了。太郎的夫人枫君(原田美枝子饰演,发挥了超人的演技)则不断地蛊惑他,就像《蜘蛛巢城》里的山田五十铃蛊惑三船敏郎一样,秀虎满怀怒火地离开了太郎的主城,到次郎那里准备聊度余生。不过次郎提前接到了太郎的书信,他也同样不欢迎父亲的到来(次郎的夫人末君——宫崎美子饰演——和枫君完全不同。这两个女人原来都是战争中的战利品,秀虎杀害了这两个女人的父母,夺取了他们的土地并把她们分别嫁给了自己的两个儿子。不同的是末君选择了宽恕,而枫君选择了复仇)。最后秀虎只能到被流放的儿子三郎的三城去,不过那里已经人去楼空。

---

① 斯图尔特·加尔布雷思:《天皇和狼:黑泽明与三船敏郎的生活和电影》,第579页。

这时，在恶毒的枫君不断催促下，太郎和次郎联合起来讨伐三城，杀死秀虎的所有亲兵，把已经半疯的秀虎赶到了荒野之中。次郎听从了他的手下大将黑铁（井川比佐志饰演）的建议，在混战中杀死了哥哥，他的计划是夺走枫君，做自己的侧室夫人——但是他没有料到枫君的蛇蝎野心是如此之大，新近丧夫的枫君让次郎成为自己的情人，拒绝做侧室——她要做次郎的正室夫人，坚决不同意与末君共侍一夫。和《白雪公主》情节类似，黑铁被派去杀害末君，但他却放跑了夫人和侍从。与此同时，秀虎在弄臣狂阿弥［池畑慎之介（也叫彼得）饰演］和丹后的陪伴下游荡，这时他们遇到了一个盲人叫鹤丸（野村万斋饰演），他的眼睛在几年前被秀虎挖掉。和姐姐末君一样，鹤丸也宽恕了秀虎，他吹起了笛子，发出了让人不易觉察的回声，让三个人像着了魔一般，在《影子武士》中也有这样的笛声让将军着魔，并导致了他的失败。

《乱》的大结局来了：三郎在岳父藤卷信弘的陪同下回来了，凌部和他的军队则在附近山上驻扎下来。次郎再一次在枫君的要求下，做出了毁灭性的判断：消灭藤卷和凌部的时机到了。在此之前，枫君最终说服了她的手下把末君杀害。秀虎和三郎团聚，但不幸的是，三郎被次郎派来的人暗杀。秀虎悲愤而死，次郎的军队被消灭，枫君也被刺死。我们看到鹤丸站在已成为废墟的城墙上无路可走。"印在《乱》剧本上的最后一个字是：'惨'"。[①]

拍摄《乱》的过程也像电影本身一样是一部史诗巨作，使用了

---

① 唐纳德·里奇:《黑泽明的电影》，第215页。

250匹马（有些是从美国运来的），另外1400多匹马在日本南部的多个拍摄场地待命。黑泽明在全国各地寻找没有被开发的地方，"日本的乡村在战后开发中都消失了"。[①] 黑泽明的儿子久雄也来给他帮忙，久雄自己导演电视广告，事业很成功。虽然东宝拒绝给电影投资，不过它在电影发行方面起到了很大的作用。东宝觉得黑泽明的电影利润太少了，成本比当时日本电影的平均费用高出三倍之多。黑泽明曾经花160万美元建造了一个城堡，结果只用一把火就烧成了灰烬，从金钱的角度考虑这个问题，的确令人难以反驳。不过从技术、艺术上所取得的成就来看，这是黑泽明从电影职业生涯中所学到的所有东西的总和，《乱》经得起各种评论。在《乱》中，有多个场景都是黑泽明电影里的经典之作——尤其是次郎和太郎的军队袭击三郎的城池那一场戏，堪称"最伟大的战斗"。

法国导演克里斯·马克因一部短小但影响力很大的科幻电影《堤》而著名，电影被特里·吉列姆演绎成了《12只猴子》。应塞尔·西尔伯曼之邀，马克在片场拍摄了纪录片讲述《乱》是如何拍摄的。虽然他不能直接拍摄黑泽明，但能有机会在近处观察主创人员，给观众呈现了电影拍摄过程中充满热情和趣闻的日常活动。虽然，在大部分情况下，黑泽明和他的剧组成员"完全无视马克的《黑泽明传》的摄像机，愉快地保守着拍摄的秘密"，马克还是时常给他们奉献了一些令人愉悦的、虽有点不合时宜的小插曲，比如，在拍摄间隙制造点额外的烟雾和笑声——"那些不协调的小插曲、开胃菜的确

[①] 斯图尔特·加尔布雷思：《天皇和狼：黑泽明与三船敏郎的生活和电影》，第575页。

在电影《乱》中有多个场景都是黑泽明电影里的经典之作

是美味，要知道黑泽明是以对细节要求的一丝不苟而著称的"。① 马克的电影帮助我们从多个角度了解黑泽明作为导演的性格特点：

> 他在片场要求严格、镇静自如，为了让画面精益求精，不惜花上大量的时间，而后期需要剪掉时，他也毫不犹豫（为了拍夜景，他曾把一大片蒲苇草涂成金色）。②

尽管《乱》在商业上没有获得像《影子武士》那么大的成功，但它在影评界，尤其是欧洲和美国的影评界却大获好评。《乱》是否应该被提名奥斯卡曾有争议，可能是失误（电影没有提交，这导致媒体在讨论黑泽明是不是被故意冷落了——黑泽明自己的说法是有可能"在日本存在对片子的误解"），结果导致了一场要求提名黑泽明"奥斯卡最佳导演奖"的活动。③

那个晚上，他输给了西德尼·波拉克，不过，《乱》获得了"最佳服装设计奖"。《乱》给了他去巴黎和纽约的机会，在巴黎，法国总理授予他"法国文学与艺术勋章"，在纽约，《乱》在纽约电影节公映。

对他个人而言，几个故人的相继离世让他不胜悲痛。长期担任黑泽明电影的主角志村乔在《影子武士》上映不久后去世了，在片中他饰演了一个小配角——这是志村乔最后一次与黑泽明合作——但是

---

① 凯瑟琳·勒普顿（Catherine Lupton）：《克里斯·马克：未来的回忆》（*Chris Marker: Memories of the Future*），伦敦，2006，第167页。
② 同上，第166页。
③ 斯图尔特·加尔布雷思：《天皇和狼：黑泽明与三船敏郎的生活和电影》，第585页。

在电影的国际版中，他的戏份被删掉了。矢野口文雄从《野良犬》开始一直给黑泽明做音效师，据《黑泽明传》记录，他在《乱》的拍摄时突然在现场倒下，不久后就去世了。久藏和辰从《战国英豪》以来一直担任黑泽明电影的剑斗动作指导，拍摄《乱》时中途退出，不久后突然去世。最糟糕的事也发生了：黑泽明的夫人阳子住进了医院，被查出患了绝症。1985年1月，她在热海的一家护理所病逝。她病逝后两周，黑泽明就返回工作了。只有工作才能让他继续生活下去，工作帮助他缓解悲痛。不过我们知道——从他在拍《罗生门》期间的散步，和所说的话中看得出——黑泽明是一个心思缜密的人，夫人的过世对他是巨大的打击。阳子去世后的几年，黑泽明越来越依赖家人，我们可以猜测黑泽明总是怀念过去的生活，因投身工作而忽视了家人，他肯定后悔忽视了妻子而倍感悲伤，他希望能在有生之年对家人更好一些。

唐纳德·里奇称《乱》是"最后的陈述"，这部电影的确有一个令人震撼的结局。① 当时许多影评家认为这会是黑泽明最后的一部电影了。当然，在拍摄《乱》期间和之后举行的媒体活动上，他给人的印象是，已经功成名就将要退出。当围绕《乱》的喧嚣都沉寂下来后，写作的冲动又回来了，于是他再次提笔开始了下一部电影的创作——电影最早叫作《我做过的这样的梦》，后来名称被华纳兄弟电影公司缩短成《梦》（又称为 Dreams），他们同意发行电影，但问题的关键是他们并不打算投资这部电影。

---

① 唐纳德·里奇：《黑泽明的电影》，第219页。

第十一章
1986—1998 年：回声

从我身上减去电影，我的人生大概就成了零。①

黑泽明在生命的最后 11 年里，尽管身体欠佳、视力下降，甚至最后摔断了脊柱，坐上了轮椅，他还是导演了 3 部电影——《梦》《八月狂想曲》和《袅袅夕阳情》——此外他还写了两个剧本。他不断奔走为电影筹钱，鉴于他作为仍然健在的、最卓越的导演之一，资金的事情还是有许多人帮忙。例如，1996 年 3 月，他受邀与比利·怀尔德和约翰·休斯顿一起颁发奥斯卡"最佳影片奖"。怀尔德后来喜欢"一遍又一遍地"重复下面的故事：

> 按计划，休斯顿打开信封交给黑泽明，根据怀尔德的说法，"黑泽明应该从信封里把写有获奖者名字的信纸从信封里拿出来交给我，然后由我宣布获奖者的名字。"但是出了问题，"黑泽明的动作不太敏捷，他的手指伸进信封，摸了一会儿，却没有

---

① 题记出自伯特·卡兰度主编的《黑泽明访谈》(*Akira Kurosawa Interveiws*)，密西西比，杰克逊，2008，第 187 页。

抓住写有名字的那张纸"……怀尔德灵机一动……他本来想转向黑泽明,不料是麦克风,打趣地说:"你能找到珍珠港。"①

值得庆幸的是,有一些在商业上很成功的导演愿意帮黑泽明去说服投资人投资他的电影。《梦》就是这样的:在史蒂文·斯皮尔伯格的恳求下,华纳公司参与了进来,斯皮尔伯格曾因《大白鲨》的公映而一夜成名,黑泽明也看过《大白鲨》并留下了难忘的印象。但是,华纳公司只答应"底片销售"——也就是说,他们出资1200万美元购买拍好的电影,但是电影拍好之前他们一分钱也不出。《梦》是靠一家加利福尼亚银行的固定利率贷款拍好的。电影在美国第一次公映时,华纳把黑泽明的名字加在了片名上。

黑泽明一直都对梦这个主题感兴趣。他于1947年在《泥醉天使》中插入了第一个梦的场景,在梦里,三船敏郎饰演的松永试图逃离自己早先的另一个形象。20世纪七八十年代,梦在他写的各种剧本中出现得越来越多——例如,在《德尔苏·乌扎拉》中,德尔苏梦见了自己已经死去的妻子和孩子,他遇到了一位年长的中国人,并觉得他们是亲戚,他解释说,"他是在独自思考并做梦。"在《影子武士》中,黑泽明回到了从《泥醉天使》就一直探索的梦的主题,不过目的更加复杂:

在梦那一场戏中,我们看到梦中人经历着痛苦和折磨,他追

---

① 艾德·斯可夫(Ed Sikov):《日落大道:比利·怀尔德的生活和时代》(*On Sunset Boulevard: The Life and Times of Billy Wilder*),纽约,2000,第578页。

逐着原来的自己，但又觉得是被原来的自己追逐着，他为自己的身份挣扎着……①

《乱》的故事就是从一个令人恐惧的梦开始的，受到梦的启发，秀虎把他的天下一分为三。黑泽明在创作《乱》时，就是要让《乱》表现出"我们看到的是'真实'的世界，没有虚假，任何一种现实的东西不是导演有意让观众看到的现实"。②黑泽明一生探索的幻象、感知和现实与在电影中惯常设置、从自我中分离出的其他人格汇聚在了一起。《梦》就是这样的作品，有的人会说，它是不幸的作品。

《梦》是一部综合电影，包括8个相关联的梦（最初有11个梦，由于成本、难度和"缺乏国际吸引力"等诸多原因③被剪掉了3个），或多或少地围绕着人物"我"展开，孩子时的"我"由中野聪彦（他在3年后又出演了黑泽明最后的电影《袅袅夕阳情》，随后结束了演艺事业）饰演、少年的"我"由伊崎充则（他也出演了《八月狂想曲》）饰演、成年的"我"由寺尾聪（他在《乱》中饰演太郎，在《袅袅夕阳情》和根据黑泽明的遗作拍摄的《雨停了》两部电影中担任角色）饰演。

在第一个梦里，一个小男孩——住在一所"几乎是复制"了黑泽明童年时代居住过的房子里，门上甚至还有黑泽明的名字——下雨天在森林里，由于调皮，他看到了化成人的狐狸一家在举行婚礼，

---

① 伯特·卡兰度主编，《黑泽明访谈》，第73页。
② 唐纳德·里奇：《黑泽明的电影》，加利福尼亚，伯克利，改进版，1998，第218页。
③ 斯图尔特·加尔布雷思：《天皇和狼：黑泽明与三船敏郎的生活和电影》，伦敦，2002，第605页。

他被命令去找这家狐狸道歉。①

在第二个梦里,已经长大了一点的"我"跟着一个神秘的女孩到了果园里。他渐渐明白了女孩是他家果园里的最后一棵桃树的灵魂。女孩带他见到了被家人砍倒的所有桃树的灵魂,他意识到砍倒桃树不是他的错,桃仙们跳起了优美的舞蹈。这个舞蹈场景,要加上一句,对于观众来说,即使是黑泽明的那些铁杆影迷,第一个感觉就是,如果电影以这样的节奏展开,真是对耐心的巨大考验。

在第三个梦里,"暴风雪"还是一大考验——被描述为"完完全全地折磨,而且节奏冗长、拖沓"——又一次表现梦中的"雪女",电影似乎在大段的表现她要到哪里去、被召回到哪里去,就这点来说,就像是三船敏郎在《野良犬》中试图找枪的镜头的延长蒙太奇。②一群被大雪围困的登山者在暴风雪中试图找到他们的营地,原田美枝子饰演了让人恐惧的雪女是电影里表演最出色的(超过了她在《乱》中饰演的枫君),对整个神秘梦境的处理要比小林正树的《怪谈》还要好。

第四个梦,"隧道",暂时让电影不是那么沉闷了,故事围绕着一个从战场上归来的士兵展开。返乡时他遇到了那些不愿相信自己已经阵亡的战友,依靠引人入胜的视觉效果和极佳的声音效果,特别是亡灵士兵队伍引人注目的进入和走出隧道的脚步声,黑泽明成功地把反战的呼声融入了故事,而且把观众也拉到了屏幕上的场景中。在"隧道"一幕中,头师佳孝的表演值得赞扬,他还在《红胡子》中饰演小

---

① 唐纳德·里奇:《黑泽明的电影》,第220页。
② 斯图尔特·加尔布雷思:《天皇和狼:黑泽明与三船敏郎的生活和电影》,第609页。

黑泽明和马丁·斯科塞斯

男孩，在《电车狂》中饰演备受欺辱的"电车狂"小六。

第五个梦讲述的好故事掩盖了其不足：一个年轻人在博物馆被凡·高的油画迷住了，他走进了"阿尔勒大桥"这幅画的世界。借助乔治·卢卡斯的"工业光魔公司"（ILM）创造的特效，年轻人穿越了凡·高的多幅画，最后还遇到了凡·高本人，马丁·斯科塞斯竟然出演了凡·高。"观看一位真正的大师工作，真是一次难得的经历"，多年后，斯科塞斯这样说道。[①]

在凡·高这个片段中，一系列的"如果……将会怎样？"的情节用的恰到好处，以梦境般的方式展开——"我"有时讲法语、和一位显然是美国人的凡·高说话、看到了火车头、不久前还不存在——之后的情节进入"红色富士山"，这是核爆炸造成的灾难性的梦魇。回顾了《电车狂》中最不成功的视觉错乱部分（ILM想尽各种办法改变富士山），一些幸存者从各种颜色的有毒辐射尘雾中活了下来，哀叹着自己的命运。

除了有比较重的政治痕迹（黑泽明担心反核元素会阻碍日本公司投资此片）外，电影很少表现真正的恐惧，这一点令人奇怪，同时也削弱了黑泽明对核毁灭的想象，而他在自己最不成功的电影之一——《活人的记录》中，对这一主题的处理比《梦》的效果要好得多。

第七个梦或许是最糟糕的一个梦。故事讲述了一个饥饿的魔鬼带着寺尾聪到他所在的地狱走上一遭后，要吃掉他——高潮部分用

[①] 阿纳海姆大学，"马丁·斯科塞斯出席斯阿纳海姆大学黑泽明悼念会"（视频），www.myspace.com，2014年2月18日。

慢镜头记录了中寺尾聪在"电影里噩梦般的恐惧,在一条路上不断地逃"。①《梦》的最后一部分是《水车村》之梦,这是一个令人向往的、充满说教意味的乡村田园般的场景,这里没有现代世界任何丑陋的东西,里面的人们与世无争,怡然自得。笠智众扮演了村里的老者,他曾主演了小津安二郎的多部最佳电影,在黑泽明的《懒汉睡夫》和《红胡子》中饰演角色,算是黑泽明的老将。老者角色的表演让人想起马克西姆·蒙祖克饰演的《德尔苏·乌扎拉》和村濑幸子在《八月狂想曲》中饰演的阿钲那令人钦佩的出色演技。笠智众的表演为电影增色不少,值得一看。

这部电影招来了黑泽明事业中最苛刻的一些批评。特伦斯·拉弗蒂于1990年在《纽约人》杂志中写道:

> 八个梦没有一个给人感觉是真实的。在这部电影里,黑泽明的目的更多的是表现仪式感而不是表现梦境,而且只是偶尔达到了这个目的。这部电影是在严肃、庄重的气氛下表演的一系列完全戏剧化的动作和崇高的咒语。②

《暂停》杂志说:这部电影"令人遗憾、使人尴尬"。③《华盛顿邮报》认为这部电影"让人昏昏欲睡",不值得一提,它说:

---

① 唐纳德·里奇:《黑泽明的电影》,第222页。
② 特伦斯·拉弗蒂(Terrence Rafferty):《黑泽明的梦》(*Akira Kurosawa's Dreams*),www.newyorker.com,2014年2月24日。
③ 同上。

这样一部毫无特色的平庸之作竟然是来自黑泽明这样的天才导演,这实在太令人震惊了……看这部电影,总会让人想到这不过是为了打发时间而看,实在没有别的更好的事情去做。黑泽明拍《梦》这部电影,似乎只是条件反射式地拍,为了拍电影而拍电影。①

那么《梦》究竟怎么了?这是近40年来黑泽明独立写成的剧本,这或许是问题之一。黑泽明比其他几个合作者都长寿(久板荣二郎于1976年去世,菊岛隆三和井手雅人在黑泽明写剧本时就已经身体虚弱,在《梦》的拍摄期间去世),要不然,《梦》应该会写得更好些(小国英雄和桥本忍也身体欠佳)。不过黑泽明全心全意、努力工作的坚强意志还是非常令人钦佩的。由于缺乏不同的视角、没有争论、没有对比等问题,不可避免地造成了黑泽明在创作《梦》时有些随心所欲。剧本完成的速度——黑泽明原来预计从构思到完稿不到两个月就能完成——也让人深思。尽管也有一些正面的评论和商业上的成功,黑泽明自己也承认对完成的电影感到失望:

> 我想在电影《梦》中追求更多纯粹和完美的时刻,但即使我竭尽全力,也只获得了两三个片段……②

---

① 哈尔·辛森(Hal Hinson):《黑泽明的梦》(*Akira Kurosawa's Dreams*),www.washingtonpost.com,1990年9月14日。
② 斯图尔特·加尔布雷思:《天皇和狼:黑泽明与三船敏郎的生活和电影》,第612页。

让人欣慰的是，毕竟还有些令人高兴的事。第一件事，是当乔治·卢卡斯和史蒂文·斯皮尔伯格为黑泽明颁发"奥斯卡终身成就奖"时，出现了黑泽明在东京办公室的画面。画面中，在乐曲伴奏下，工作人员通过在线视频对黑泽明唱起"祝你生日快乐"，祝贺这位80岁的老导演生日快乐。通过翻译，黑泽明接受了终身成就奖，说道："我不知道自己是否应该得到这样的奖——我有点担心，因为我觉得自己还没有真正理解电影。"[①] 第二件事，是一部新电影《八月狂想曲》的问世。黑泽明在等待ILM制作《梦》的特效时，就着手创作了剧本。与《梦》相似，它也和恐怖的鬼怪、幽灵有关，但是与《梦》不同的是，这部电影非常安静、忧郁、引人深思，有小津安二郎的风格，这与黑泽明惯有的风格不同。《八月狂想曲》上映后的反响与《梦》也不相同——《梦》的反响不一（影评界赞扬它的优点也贬损其缺点），这部电影得到的是一边倒的公开抨击，它成了黑泽明最具争议和被误解最多的电影。

受到抨击部分原因是电影讲了一个片面的故事。一位叫阿钲的老人正在照料孙子们，而此时她的孩子正在夏威夷看望一位久无音讯富有的亲戚。虽然孩子们对祖母的糟糕厨艺、没电视看并且不带他们去夏威夷有点不满，不过他们还是满怀敬意地听祖母讲故事并照顾她。慢慢地，我们听到了她过去的故事，她对长崎原子弹爆炸的回忆，知道了她在爆炸中失去了做教师的丈夫，还有原子弹在空中爆炸时，就像一只巨大的眼睛的恐怖景象（黑泽明再次创造出了一个与《梦》

---

① 黑泽明:《蛤蟆的油》，纽约，1983，第192页。

里的任何一个场景相对比都更冰冷的景象)。孩子们参观了祖父当年被炸死时所在的学校,围挤在一个可怕的、已经融化的攀登架前瞻仰,攀登架经历了爆炸后变成了一个图腾柱,许多上了年纪的、从前的学生把花放在基座上以示纪念。

电影慢慢转到了度假回来的孩子们的父母身上。想到要和美国这位有钱的亲戚来往,他们就非常兴奋。孩子们写信给美国亲戚告诉他,祖母会先为包括祖父在内的原子弹爆炸死难者举行完悼念仪式后再去夏威夷。他们的父母知道了写信的事后非常恼怒,因为他们本来不愿意提及令人不快的往事,就是怕冒犯了美国人。阿钲的侄子克拉克发电报说他想回来见见他们,他们则更加担心——克拉克解释说自己满怀诚意和同情之心,理解她的恐怖经历,并愿意陪阿钲一段时间后,他们才放下心来。他的来访很成功,大家商定两家的后人一定要再聚,不过克拉克的父亲(也就是阿钲的哥哥)突然去世为这事蒙上了阴影。情况更糟糕的是,阿钲因遭受打击精神出了问题,最后电影的高潮部分是阿钲跑进了暴雨里,以为原子弹又要落下来了,那一幕让人想起了安藤广重的那幅画作,"桥上被大雨惊呆的人"。她的家人追着她冲进雨里,她的伞被吹翻了,电影戛然而止,就像《低下层》一样,结束得那么突然。

任何一个认真看过黑泽明电影的人,都会认为《八月狂想曲》有很多不动声色的、令人毛骨悚然的东西。电影开场,阿钲的一个孙子纵男(吉冈秀隆饰演,他还继续出演了《袅袅夕阳情》《大海见证》和《雨停了》),想要修一架已经跑调的脚踏风琴,他不断重复地弹奏舒伯特的《野玫瑰》。《野玫瑰》原是歌德的一首诗,也被称为《荒地的玫瑰》，它描述了一支红色的玫瑰"会反抗并用刺刺他，不过她叫着、叹息着却是徒劳，不得不任由他去采摘"。电影中不断重复的《野玫瑰》曲调是为了刻画阿钲就像被蚂蚁困扰的玫瑰花（这是黑泽明最难拍摄的镜头之一，为此还请了一位来自京都的、熟知蚂蚁的人，还有一些在不同高度拍摄的镜头），电影的最后出现了阿钲的镜头，此时《野玫瑰》又一次响起，更加宏伟和清晰——用以强调阿钲不屈不挠的精神，我们应该积极地看待这个高潮部分。里奇写道：

> 这是顿悟的时刻，就像姿三四郎在荷花池里、椿三十郎走进决战、《梦》里充满欢乐的葬礼巡游，这是给人类的启示、升华和颂歌。[①]

不过电影却引发了很多人的怒火。拍摄开始时还比较幸运，资金来源虽然不太靠得住，但也比较简单——与松竹进行了合作，上一次合作还要回溯到1951年的《白痴》。为了能尽快筹集所需资金，成立了包括18家日本公司的"故事片第二公司"，《八月狂想曲》可以算是二十多年来最具日本特点的电影——早在黑泽明开始拍摄的前一年，一切就已经准备就绪了。不管这桩交易是不是比他的《影子武士》《乱》或是《梦》更容易，还是黑泽明已经慢慢习惯面对筹集资金的困难，或许都有待商榷。但是在选演员时，黑泽明适时、适地找到了理查德·基尔，他们俩在奥斯卡颁奖礼后的一次聚会上进行了一次

[①] 唐纳德·里奇：《黑泽明的电影》，第226页。

电影《八月狂想曲》中的一幕,是黑泽明电影事业中最难拍摄的镜头之一

看似不太可能的谈话——黑泽明说服了他出演克拉克一角，而且仅拿他正常片酬的一小部分，要知道基尔由于出演票房大卖的电影《漂亮女人》此时已是一位炙手可热的影星。

电影改编自村田喜代子的小说《锅中》（之前改编的一个舞台剧还捧红了村濑幸子，她在20世纪二三十年代的政治观点比较激进，黑泽明可能因此对她颇有好感），黑泽明的改编与原著有出入，他在拍《梦》时就已经阅读过此书，还把地点换成了长崎，让阿钲的丈夫成为原子弹爆炸的不幸遇难者。不过很多影评家认为，这很明显是一部反美宣传片，而这几年对他支持最大的正是美国。最大的误读来自电影中理查德·基尔的道歉，他似乎是在代表美国为投掷原子弹向日本道歉，而事实并非如此，基尔道歉是因为他开始并不知道阿钲的丈夫死于战争。类似的，还有一种固执的观点希望电影能够全面、公平——似乎电影应该提及日本偷袭珍珠港事件，这让电影充满了历史沉重感。其实《八月狂想曲》是一部关于家庭的小电影，一个由于历史重大事件而遭受痛苦的家庭故事。令人欣慰的是，电影在欧洲和日本获得了可观的票房，不过最终在美国却遭遇败绩。

这个时期，黑泽明与已经成年的孩子关系越来越密切。他的儿子久雄获得了更多权利来打理父亲名下的各种业务，他还与黑泽明的侄子迈克·扬·井上合作，担任黑泽明后期电影制片。他的女儿和子已经成为一名时装设计师，开始时与艾美·和田密切合作，后来自己独立承担业务。两个孩子谈及父亲说，他们的父亲在80多岁时变得温和很多，这种温和可能以前隐藏着，也可能随着工作节奏放慢逐步展现出来。其他方面也和解了。比如，他回到东映拍摄《八月狂想曲》，两家电影公司大映和东宝还给他机会拍摄第30部、也是最后一部作品《袅袅夕阳情》。这两家公司与他的上一次合作已经是非常久远的事情了：曾经出资拍摄《罗生门》的大映同意与东宝共同出资拍摄《袅袅夕阳情》，而50多年前曾让黑泽明走上电影之路的东宝负责电影在日本的发行事务。

"我的电影，"黑泽明在自传里写道，"来自我想讲述在特定时间发生的特定事件的愿望。任何一部电影都是出于想要表达的内在需要。"① 考虑到这一点就不难理解了，《袅袅夕阳情》就是《德尔苏·乌扎拉》在一些方面的延续，宣告了身体的衰老、岁月的无情，并以充满智慧和喜剧的方式拍摄了出来——而黑泽明，实际上，他在死亡面前大笑，或许笑中有泪。

电影的灵感来自日本一位著名的作家和学者内田百闲的作品，松散的电影结构也模仿了小说片段式的写作风格。黑泽明讲述的是一位年迈的老教授得到一群热心学生帮助的故事，他的房子在第二次世界大战的空袭中被炸毁，后来他的猫也不见了。每年，他的学生会到家里参加他的生日聚会，一起聊天、说笑、唱歌和讲故事——由香川京子饰演的教授夫人（人们应当记住她曾主演了多部黑泽明电影，不只有《低下层》，《低下层》与《袅袅夕阳情》在叙事特点上有相似之处）就在旁边，通常沉默不语，有时应和一下，或者表达一下祝贺、友爱和支持。里面有很多双关语，有些对于非日本观众来说很难领会；还有有趣的旁白和题外话、幽默的故事（比如教授被迫买马肉的那

---

① 唐纳德·里奇：《黑泽明的电影》，第244页。

黑泽明与乔治·卢卡斯和弗朗西斯·福特·科波拉

天,一匹愤怒的马直直地盯着他);与这么一大群学生、学生的孩子和孙辈们打交道时表现出来的年长者的智慧。电影末尾,老教授嘲笑自己60岁时就觉得60岁已经老了。片中还有重现的主题,比如喝啤酒,多次出现的、教授和学生们玩小时候玩的捉迷藏时的应答游戏,学生问教授是否准备好了(可以理解为指死亡),而教授回答"还没有"——这也是片名的由来①。此外,还有一些对以往电影的回顾,不管是黑泽明有意为之,还是无意——电影结尾的聚会回顾了《懒汉睡夫》的开头,向《我于青春无悔》《泥醉天使》和《梦》致意,还非常微妙的暗示了《生之欲》的死亡启示。与黑泽明以前的电影比起来,《袅袅夕阳情》对他其他电影的暗示是最多的。在电影里最美的情节之一——这一幕,应该说,可以归入黑泽明拍摄的最好的场景之一——他以前在《静静的决斗》里拍得不好的四季转换,在这里又一次展现出来了,教授和夫人在他们那座小小的、租来的房子里看着,仅仅几秒钟就表现了秋、冬、春、夏的变化,这不仅表示了时间的变化,也表达了他们婚姻的深度和力量。

黑泽明在这部电影里表达的目的非常简单:

> 人生中有很多珍贵的东西已经被忘记了。这是一个令人羡慕的、充满温情的世界,我希望看完这部电影的观众离开影院的时候脸上能够洋溢着笑容。②

---

① 原日语片名为《まあだだよ》,译为"还没有"。《袅袅夕阳情》是意译的中文片名。
② 斯图尔特·加尔布雷忠:《天皇和狼:黑泽明与三船敏郎的生活和电影》,第622—623页。

不幸的是，电影得到的几乎都是负面的评论，影评家提出异议，认为电影非常幼稚、多愁善感。国外影评界觉得黑泽明开始闭门造车，这些电影视野狭窄、过于说教和无趣。在国内外，人们普遍希望他能拍出以前的那种电影，如影评界的宠儿《罗生门》和《七武士》，或者观众喜欢的、充满动作、打斗的《战国英豪》和《用心棒》。黑泽明拍电影很少是为取悦观众，他拍电影只为自己高兴，但是他很少能实现这一点。

《袅袅夕阳情》在1993年9月摄制完成，持续了14个多月。虽然这是他作为导演的最后一部作品，黑泽明还有工作要做。他曾公开说过，他要死在拍摄现场。

他开始帮助与他长期合作的艺术指导村木与四郎拍摄一部时代剧，与《八月狂想曲》和《袅袅夕阳情》相似的、更贴近历史的时代剧，而不是《影子武士》或《乱》这样的时代剧，[①]就是《大海见证》，改编自山本周五郎的小说。黑泽明拍过的《椿三十郎》《红胡子》和《电车狂》都曾从他那里得到过灵感。这部电影本来可以成为自黑泽明50年前的《我于青春无悔》以来的首部女性电影。完成剧本后，黑泽明开始画草图，指挥搭建片场——故事主要发生在18世纪的妓院里——初步决定演员人选。然而妓院被洪水冲走的一幕——被认为是自《乱》中那座被烧毁的城池以来，黑泽明最费力气搭建的片场——用掉了预算资金1500万美元，最后却成了电影失败的根本原因。[②]

《大海见证》在黑泽明去世后，由导演熊井启拍摄完成。人们不

[①] 斯图尔特·加尔布雷思：《天皇和狼：黑泽明与三船敏郎的生活和电影》，第635页。
[②] 同上，第637页。

禁想,如果黑泽明生前能把电影拍完,这些材料会拍成什么样的电影(洪水那一幕尤其令人失望)。黑泽明一刻不停地在1995年3月又继续写了第二部剧本《雨停了》,"一部丈夫和妻子的剧",丈夫是一位好心的武士,"沉浸在武功天下第一和过上好日子的幻想里"——但却被一场事故打破了幻想。①

1995年5月,黑泽明准备去浴室时跌倒在榻榻米上。开始时伤势似乎不重,但是他的健康状况却日渐恶化,他很快被送到医院,结果发现脊椎底部已摔裂。家人把他从京都的医院转到东京,整整一个夏天,黑泽明希望能够康复,但是他经常迷失方向,而且不知道自己在说什么、做什么。他的生活再也不能恢复得像以前那样了,在坐轮椅和躺在床上的轮换之间,黑泽明开始慢慢地衰老。在他的周围,他的朋友、同事和合作者,还有从前的黑泽明组,都相继离开了人世:三船敏郎、本多猪四郎、植草圭之助、小国英雄都在20世纪90年代相继离世。一切都将结束。偶尔他头脑清醒时:他与小泉尧史讨论未完成的《雨停了》的剧本,小泉作为助理导演与他合作了前面的五部电影。黑泽明死后,小泉继续完成了剧本,拍摄了一部与黑泽明后期拍摄的最佳电影相比毫不逊色的电影。寺尾聪饰演的武士三泽伊兵卫是他在职业生涯中表演最好的一个角色。1995—1997年,黑泽明的时间都用于一些电影之外的小事情上了。他的画被用来装饰客机,他的设计被用在了斯沃琪手表上,他还为拍摄软饮料的广告提建议。

慢慢地,他的情况在恶化,他的女儿说:"他像一个小婴儿一

---

① 斯图尔特·加尔布雷思:《天皇和狼:黑泽明与三船敏郎的生活和电影》,第643页。

样……太虚弱了,什么也做不了。"① 他每天听音乐或看体育比赛,只要身体状况还可以,他就和小外孙们玩,或者和他的宠物玩。他没有固定的事情可做,精力也因此慢慢消退。1998 年 9 月 6 日早上,黑泽明突发中风,然后离开了人世。他长期合作的场记野上照代写道:

> 我在留言电话里发现了 30 多个电话。第一个是黑泽明的女儿和子打来的:"请赶快过来看看我爸爸吧。"留言逐渐变得越来越急切。后面的留言我听到了小泉尧史导演宣布,"黑泽明先生于 12:45 过世。"感觉自己瞬间面无血色,好像要倒下了。一切都结束了。

野上照代写到了她去黑泽明家吊唁时被领到黑泽明的房间,看到黑泽明好像"安静地睡着了",三角巾围在他的下巴上,以便让他的嘴巴能够闭合。"他看起来好像得了腮腺炎一样躺在床上",野上照代写道。② 家人对他的离去也悲痛欲绝。在他去世一年后出版的《梦想成就天才》一书中(这本书也被译成了英文),和子写道,"有时候我禁不住流泪,因为我太想再见到爸爸了,有时候我后悔应该多问他一些事情。"③

他给我们留下什么?30 部电影,拍摄了半个多世纪,电影史上

---

① 斯图尔特·加尔布雷思:《天皇和狼:黑泽明与三船敏郎的生活和电影》,第 639 页。
② 野上照代:《等云到:与黑泽明导演在一起》(*Waiting on the Weather: Making Movies with Akira Kurosawa*),加利福尼亚,伯克利,2006,第 266 页。
③ 黑泽和子:《真诚的梦》(*A Dream is a Genius*)前言,东京,1999,第 180—182 页,节选自 www.nostalghia.com "话题"("Topics"),佐藤公利翻译,2014 年 7 月 22 日。

最好的作品集之一——这些电影还被人们观看、讨论并影响深远。当然,黑泽明并不愿意人们去寻找他的作品里的深层含义,但这些电影就是他想让我们记住的东西。毕竟,他在最后几次采访中曾说过,"从我身上减去电影,我的人生大概就成了零。"①

逝世后的这些年里,他的作品还被人们观看、评价和重拍,次数之多让其他导演望尘莫及。2000—2010年,在亚洲市场上,《生之欲》《椿三十郎》《七武士》《罗生门》《战国英豪》《野良犬》和《影子武士》被重拍成电影或电视剧。2010年,一桩有关黑泽明基金会资金管理的丑闻被曝光,破坏了为黑泽明诞辰100周年举行的全球庆祝活动。为纪念黑泽明而建立的黑泽明博物馆的计划搁置了,因为黑泽明65岁的儿子黑泽久雄被指控盗用3.8亿日元(大约425万美元)。2011年,他的大部分电影的改编权,包括24部黑泽明所写、但不是他拍摄的电影和19部未拍摄的剧本被"黑泽明百部电影"组织卖给了位于洛杉矶的"斯普兰登特公司",公司的负责人山田告诉《综艺杂志》说他致力于"帮助当代电影工作者,把这些难忘的故事介绍给新一代的观众"。"黑泽明百部电影"组织说,他们已经收到了"不计其数的"美国和欧洲公司的申请,"表达了重拍黑泽明电影的浓厚兴趣"。②

不管我们需不需要重拍这么多的经典电影(2013年,埃文·威尔什主演的《十一人之队》表明世界还没有准备好接受《七武士》的

---

① 伯特·卡兰度主编,《黑泽明:采访记》,第187页。
② 乔西 L. 迪基(Josh L. Dickey):"斯普兰登特公司代理黑泽明作品改编权"('Splendent Repping Kurosawa Remake Rights'),《综艺杂志》(Variety),2011年8月22日。

另一个版本，这是关于一支苦苦挣扎的当地业余球队、附近一家印度坦度里美味餐馆和一群暴徒的故事），毋庸置疑的是，人们满怀兴趣地观看黑泽明所写的那些电影，和那些没有时间拍摄，或根本没有计划拍摄的电影。然而这并不会减少作品自身的价值，它将继续回报全世界的耐心观众。

致 谢

作者在此致谢：感谢大不列颠笹川基金会对本书提供的支持；感谢史蒂夫·芬恩鲍和薇薇安·康斯坦丁普洛斯的鼓励和支持；感谢来自电影邮箱网站的格雷姆·霍比斯和丹·亨特，是他们让我对黑泽明的热情持续多年；感谢路易莎、哈利特、塞缪尔和玛莎。

参考文献

Introduction

1. Akira Kurosawa, *Something Like an Autobiography* (New York, 1983), p. 95.
2. Stuart Galbraith IV, *The Emperor and the Wolf: The Lives and Films of Akira Kurosawa and Toshiro Mifune* (London, 2002), p. 562.
3. *Kurosawa: The Last Emperor* (dir. Alex Cox, 1999), available on www.youtube.com, part 1 of 6.
4. Steven Spielberg, speech during his presentation of an Honorary Award to Akira Kurosawa at the 62nd Academy Awards in Los Angeles, California, in March 1990.

1 1910–1942: Early Years

The chapter epigraph comes from Akira Kurosawa, *Something Like an Autobiography* (New York, 1983), p. 54.

1. Ibid., p. 61.
2. Stuart Galbraith IV, *The Emperor and the Wolf: The Lives and Films of Akira Kurosawa and Toshiro Mifune* (London, 2002), p. 14.
3. Kurosawa, *Something Like an Autobiography*, pp. 32–3.
4. Ibid., p. 61.
5. Ibid., pp. 67, 63.
6. Galbraith, *The Emperor and the Wolf*, p. 15.
7. Ibid., p. 13.
8. Peter Cowie, *Akira Kurosawa: Master of Cinema* (New York, 2010), p. 44.
9. Kurosawa, *Something Like an Autobiography*, p. 73.

10 Hiroshi Tasogawa, *All the Emperor's Men: Kurosawa's Pearl Harbor* (Milwaukee, WI, 2012), pp. 268–9.
11 Kurosawa, *Something Like an Autobiography*, pp. 47–9.
12 Ibid., p. 50.
13 Ibid., p. 52.
14 Ibid.
15 Ibid., p. 54.
16 Ibid., p. 16.
17 Ibid., p. 35.
18 Ibid., p. 72.
19 Ibid., p. 71.
20 Ibid.
21 Galbraith, *The Emperor and the Wolf*, p. 19.
22 Kurosawa, *Something Like an Autobiography*, p. 89.
23 Ibid., p. 90.
24 Galbraith, *The Emperor and the Wolf*, p. 35.
25 Kurosawa, *Something Like an Autobiography*, p. 95.
26 Ibid.
27 Galbraith, *The Emperor and the Wolf*, p. 36
28 Ibid., p. 26; Kurosawa, *Something Like an Autobiography*, p. 97.
29 Galbraith, *The Emperor and the Wolf*, p. 30.
30 Kurosawa, *Something Like an Autobiography*, p. 118.

2 1943–1947: Early Works

The chapter epigraph comes from Akira Kurosawa, *Something Like an Autobiography* (New York, 1983), p. 128.

1 Stuart Galbraith IV, *The Emperor and the Wolf: The Lives and Films of Akira Kurosawa and Toshiro Mifune* (London, 2002), p. 43.
2 Donald Richie, *The Films of Akira Kurosawa* (Berkeley, CA, 1965), p. 18.
3 Ibid.; Galbraith, *The Emperor and the Wolf*, p. 44.
4 Richie, *The Films of Akira Kurosawa*, p. 18.
5 Kurosawa, *Something Like an Autobiography*, p. 128.
6 Galbraith, *The Emperor and the Wolf*, p. 44.
7 Peter Cowie, *Akira Kurosawa: Master of Cinema* (New York, 2010), p. 54.

8 Kurosawa, *Something Like an Autobiography*, p. 135.
9 Ibid., p. 132.
10 Galbraith, *The Emperor and the Wolf*, p. 47.
11 Stephen Prince, *The Warrior's Camera: The Cinema of Akira Kurosawa* (Princeton, NJ, 1991), p. 55.
12 Ibid.
13 Richie, *The Films of Akira Kurosawa*, p. 27.
14 Kurosawa, *Something Like an Autobiography*, p. 135.
15 Richie, *The Films of Akira Kurosawa*, p. 24.
16 Mitsuhiro Yoshimoto, *Kurosawa: Film Studies and Japanese Cinema* (Durham, NC, 2000), p. 89.
17 Prince, *The Warrior's Camera*, p. 56.
18 Richie, *The Films of Akira Kurosawa*, p. 24.
19 Kurosawa, *Something Like an Autobiography*, p. 136.
20 Ibid.
21 Galbraith, *The Emperor and the Wolf*, p. 54; Richie, *The Films of Akira Kurosawa*, p. 25.
22 Prince, *The Warrior's Camera*, p. 56.
23 Antony Beevor, *The Second World War* (London, 2012), pp. 459–68.
24 Kurosawa, *Something Like an Autobiography*, p. 75.
25 Ibid.
26 Ibid.
27 Ibid., p. 140.
28 Galbraith, *The Emperor and the Wolf*, p. 59.
29 Richie, *The Films of Akira Kurosawa*, p. 32.
30 Ibid.
31 Ibid., p. 33.
32 Prince, *The Warrior's Camera*, p. 58.
33 Kurosawa, *Something Like an Autobiography*, p. 143.
34 Galbraith, *The Emperor and the Wolf*, p. 63.
35 Kurosawa, *Something Like an Autobiography*, p. 145.
36 Ibid.
37 Galbraith, *The Emperor and the Wolf*, p. 57.
38 Ibid., pp. 66–7.
39 Kurosawa, *Something Like an Autobiography*, p. 149.
40 Galbraith, *The Emperor and the Wolf*, p. 72.
41 Richie, *The Films of Akira Kurosawa*, p. 36.

42 Prince, *The Warrior's Camera*, p. 78.
43 Galbraith, *The Emperor and the Wolf*, p. 77.
44 Cowie, *Akira Kurosawa: Master of Cinema*, p. 55.
45 Maureen Turim, *The Films of Oshima Nagisa: Images of a Japanese Iconoclast* (Berkeley, CA, 1998), p. 58.
46 Richie, *The Films of Akira Kurosawa*, p. 45.

3 1947–1949: Modern Ills

The chapter epigraph comes from Donald Richie, *The Films of Akira Kurosawa* (Berkeley, CA, 1965), p. 49.

1 Stuart Galbraith IV, *The Emperor and the Wolf: The Lives and Films of Akira Kurosawa and Toshiro Mifune* (London, 2002), p. 69.
2 Richie, *The Films of Akira Kurosawa*, p. 47.
3 Galbraith, *The Emperor and the Wolf*, p. 95.
4 Richie, *The Films of Akira Kurosawa*, p. 49.
5 Ibid.
6 Stephen Prince, *The Warrior's Camera: The Cinema of Akira Kurosawa* (Princeton, NJ, 1991), p. 81.
7 Ibid., p. 85.
8 Richie, *The Films of Akira Kurosawa*, p. 52.
9 Ibid., p. 47; Prince, *The Warrior's Camera*, p. 79.
10 Richie, *The Films of Akira Kurosawa*, p. 51.
11 Akira Kurosawa, *Something Like an Autobiography* (New York, 1983), p. 162–3.
12 Ibid., p. 164.
13 Ibid., p. 166.
14 Ibid., p. 168.
15 Galbraith, *The Emperor and the Wolf*, p. 103.
16 Ibid., p. 104.
17 Ibid., p. 105.
18 Richie, *The Films of Akira Kurosawa*, p. 57.
19 Prince, *The Warrior's Camera*, p. 73.
20 Kurosawa, *Something Like an Autobiography*, p. 174.
21 Galbraith, *The Emperor and the Wolf*, pp. 112–13.
22 Ibid., p. 93.

23 Richie, *The Films of Akira Kurosawa*, p. 62.
24 Ibid., p. 63.
25 Ibid.
26 Galbraith, *The Emperor and the Wolf*, p. 112.
27 Kurosawa, *Something Like an Autobiography*, pp. 175–6; Galbraith, *The Emperor and the Wolf*, p. 110.
28 Galbraith, *The Emperor and the Wolf*, p. 111; Richie, *The Films of Akira Kurosawa*, p. 61.
29 Kurosawa, *Something Like an Autobiography*, p. 177.
30 Ibid., p. 178.
31 Richie, *The Films of Akira Kurosawa*, p. 67.
32 *Scandal* [DVD], The Masters of Cinema Series (2005).
33 Ibid.
34 Joan Mellen, 'Kurosawa's *Scandal* and the Post-war Movement', booklet from *Scandal* [DVD].

4 1950: World Cinema

The chapter epigraph comes from Akira Kurosawa, *Something Like an Autobiography* (New York, 1983), p. 187.

1 Ibid., p. 181.
2 Ibid., p. 182.
3 Ibid.
4 Ibid.
5 Ibid.
6 Ibid.
7 Donald Richie, *The Films of Akira Kurosawa* (Berkeley, CA, 1965), p. 70.
8 Kurosawa, *Something Like an Autobiography*, p. 183.
9 Stuart Galbraith IV, *The Emperor and the Wolf: The Lives and Films of Akira Kurosawa and Toshiro Mifune* (London, 2002), p. 131.
10 Ibid., p. 142.
11 Martin Scorsese, *Scorsese on Scorsese* (London, 2003), p. 78.
12 Ibid., p. 127.
13 Kurosawa, *Something Like an Autobiography*, p. 182.
14 Ibid., p. 181.
15 Ibid.

16 Ryūnosuke Akutagawa, *Rashōmon and Seventeen Other Stories* (London, 2004), p. 4.
17 Galbraith, *The Emperor and the Wolf*, p. 133.
18 Kurosawa, *Something Like an Autobiography*, p. 185.
19 Galbraith, *The Emperor and the Wolf*, p. 133.
20 Richie, *The Films of Akira Kurosawa*, p. 75.
21 Kurosawa, *Something Like an Autobiography*, p. 183.
22 Ibid.
23 Richie, *The Films of Akira Kurosawa*, p. 77.
24 Stephen Prince, *The Warrior's Camera: The Cinema of Akira Kurosawa* (Princeton, NJ, 1991), p. 130.
25 Kurosawa, *Something Like an Autobiography*, p. 186.
26 Prince, *The Warrior's Camera*, p. 132.
27 Ibid., pp. 134–5.
28 Richie, *The Films of Akira Kurosawa*, p. 79.
29 Kurosawa, *Something Like an Autobiography*, p. 184.
30 Richie, *The Films of Akira Kurosawa*, p. 81.
31 Kurosawa, *Something Like an Autobiography*, p. 193.
32 Galbraith, *The Emperor and the Wolf*, p. 144.
33 Ibid., p. 143.
34 Ibid.
35 Fyodor Dostoyevsky, *The Idiot*, trans. David McDuff (London, 2004), p. 598.
36 Galbraith, *The Emperor and the Wolf*, p. 145.
37 Ibid.
38 Prince, *The Warrior's Camera*, p. 139.
39 Richie, *The Films of Akira Kurosawa*, p. 85.
40 Ibid.
41 Kurosawa, *Something Like an Autobiography*, p. 187.
42 Ibid.
43 John Baxter, *George Lucas: A Biography* (New York, 1999), p. 73.
44 Kurosawa, *Something Like an Autobiography*, p. 187.
45 Jean-Luc Godard, *Godard on Godard*, ed. Tom Milne (New York, 1972), p. 70.
46 Joan Mellen, *Seven Samurai* (London, 2008), p. 65.
47 Galbraith, *The Emperor and the Wolf*, p. 136.
48 Kurosawa, *Something Like an Autobiography*, p. 157.

5 1951–1954: Success

The chapter epigraph comes from Akira Kurosawa, *Something Like an Autobiography* (New York, 1983), p. 189.

1 Ibid.
2 Bert Cardullo, ed., *Akira Kurosawa: Interviews* (Jackson, MS, 2008), p. 6.
3 Stuart Galbraith IV, *The Emperor and the Wolf: The Lives and Films of Akira Kurosawa and Toshiro Mifune* (London, 2002), p. 191.
4 Ibid., p. 164.
5 Ibid., pp. 156, 183.
6 Donald Richie, *The Films of Akira Kurosawa* (Berkeley, CA, 1965), p. 86.
7 Galbraith, *The Emperor and the Wolf*, p. 156.
8 Ibid.
9 Ibid.
10 Peter Cowie, *Akira Kurosawa: Master of Cinema* (New York, 2010), p. 73.
11 Akira Kurosawa, *Seven Samurai and Other Screenplays* (London, 1992), p. 10.
12 Cowie, *Akira Kurosawa*, p. 73.
13 Richie, *The Films of Akira Kurosawa*, p. 89.
14 Galbraith, *The Emperor and the Wolf*, p. 159.
15 Ibid., p. 162.
16 Kurosawa, *Seven Samurai and Other Screenplays*, p. 20.
17 Richie, *The Films of Akira Kurosawa*, p. 95.
18 Stephen Prince, *The Warrior's Camera: The Cinema of Akira Kurosawa* (Princeton, NJ, 1991), p. 100.
19 Patrick Crogan, 'Translating Kurosawa', www.sensesofcinema.com, September 2000.
20 Interview, '*Breaking Bad*: Vince Gilligan on Meth and Morals', www.npr.org, 19 September 2011.
21 Richie, *The Films of Akira Kurosawa*, p. 97.
22 Galbraith, *The Emperor and the Wolf*, p. 172.
23 Ibid., p. 173.
24 Joan Mellen, *Seven Samurai* (London, 2008), p. 7.
25 Kurosawa, *Seven Samurai and Other Screenplays*, p. 69.
26 Mellen, *Seven Samurai*, p. 14.
27 Ibid., p. 16.

28 Ibid., p. 21.
29 Ibid., p. 25.
30 Prince, *The Warrior's Camera*, p. 210.
31 Richie, *The Films of Akira Kurosawa*, p. 104.
32 Ibid., p. 103.
33 Galbraith, *The Emperor and the Wolf*, p. 184.
34 Richie, *The Films of Akira Kurosawa*, p. 108.
35 Galbraith, *The Emperor and the Wolf*, p. 196.
36 Ibid., p. 103.

6 1955–1957: Darkness and Disappointment

The chapter epigraph comes from Donald Richie, *The Films of Akira Kurosawa* (Berkeley, CA, 1965), pp. 112–13.

1 Stuart Galbraith IV, *The Emperor and the Wolf: The Lives and Films of Akira Kurosawa and Toshiro Mifune* (London, 2002), pp. 678–9.
2 Richie, *The Films of Akira Kurosawa*, p. 109.
3 Galbraith, *The Emperor and the Wolf*, p. 189.
4 Richie, *The Films of Akira Kurosawa*, p. 112.
5 William Shakespeare, 'Macbeth', in *The Complete Works* (Oxford, 1988), II.iii.54–61.
6 Richie, *The Films of Akira Kurosawa*, p. 114.
7 Ibid.
8 Ibid., p. 111.
9 Ibid., pp. 112–13.
10 Anthony Davies, *Filming Shakespeare's Plays: The Adaptations of Laurence Olivier, Orson Welles, Peter Brook and Akira Kurosawa* (Cambridge, 1990), p. 154.
11 Ibid.
12 Ibid.
13 Akira Kurosawa, *Seven Samurai and Other Screenplays* (London, 1984), p. 229.
14 Richie, *The Films of Akira Kurosawa*, p. 117.
15 Bert Cardullo, ed., *Akira Kurosawa: Interviews* (Jackson, MS, 2008), pp. 7, 21.
16 Ibid., p. 157.

17 Ibid., p. 173.
18 Bert Cardullo, ed., *World Directors in Dialogue: Conversations on Cinema* (Lanham, MD, 2011), p. 127.
19 John Baxter, *George Lucas: A Biography* (New York, 1999), p. 365.
20 Cardullo, *World Directors in Dialogue*, p. 167.
21 Richie, *The Films of Akira Kurosawa*, p. 232.
22 Ibid., p. 117.
23 Ibid.
24 This interview is referred to in Ronald Bergan, 'Isuzu Yamada Obituary', www.theguardian.com, 11 July 2012.
25 Richie, *The Films of Akira Kurosawa*, p. 119.
26 Ibid., p. 120.
27 Ibid., p. 121.
28 Anaheim University, 'Martin Scorsese Anaheim University Akira Kurosawa Memorial Trib.', (video), www.myspace.com, accessed 18 February 2014.
29 Stephen Prince, *The Warrior's Camera: The Cinema of Akira Kurosawa* (Princeton, NJ, 1991), p. 149.
30 Richie, *The Films of Akira Kurosawa*, p. 125.
31 Ibid., p. 126.
32 Galbraith, *The Emperor and the Wolf*, p. 240.
33 Richie, *The Films of Akira Kurosawa*, p. 126.
34 Vili Maunula, 'Film Club: The Lower Depths (Jean Renoir, 1936)', www.akirakurosawa.info, 1 February 2013.
35 Cardullo, *World Directors in Dialogue*, p. 157.
36 Galbraith, *The Emperor and the Wolf*, p. 244.

7 1958–1960: Defying Convention

The chapter epigraph comes from Donald Richie, *The Films of Akira Kurosawa* (Berkeley, CA, 1965), p. 140.

1 Ibid., p. 137.
2 Stuart Galbraith IV, *The Emperor and the Wolf: The Lives and Films of Akira Kurosawa and Toshiro Mifune* (London, 2002), p. 253.
3 Stephen Prince, *The Warrior's Camera: The Cinema of Akira Kurosawa* (Princeton, NJ, 1991), p. 21.

4 Bert Cardullo, ed., *Akira Kurosawa Interviews* (Jackson, MS, 2008), p. 25.
5 Galbraith, *The Emperor and the Wolf*, p. 254.
6 Ibid.
7 Ibid., p. 257.
8 Richie, *The Films of Akira Kurosawa*, p. 134.
9 Galbraith, *The Emperor and the Wolf*, p. 262.
10 Richie, *The Films of Akira Kurosawa*, p. 140.
11 Ibid., p. 141.
12 Ibid.
13 Ibid.
14 Galbraith, *The Emperor and the Wolf*, p. 293.

8 1961–1963: No Rest

The chapter epigraph comes from Donald Richie, *The Films of Akira Kurosawa* (Berkeley, CA, 1965), p. 162.

1 Bert Cardullo, ed., *Akira Kurosawa Interviews* (Jackson, MS, 2008), p. 40.
2 Dolores Martinez, *Remaking Kurosawa: Translations and Permutations in Global Cinema* (New York, 2009), p. 192.
3 Richie, *The Films of Akira Kurosawa*, p. 148.
4 Stuart Galbraith IV, *The Emperor and the Wolf: The Lives and Films of Akira Kurosawa and Toshiro Mifune* (London, 2002), p. 311.
5 Christopher Frayling, *Sergio Leone: Something to Do with Death* (London, 2000), p. 149.
6 Galbraith, *The Emperor and the Wolf*, p. 312.
7 Stephen Prince, *The Warrior's Camera: The Cinema of Akira Kurosawa* (Princeton, NJ, 1991), p. 226.
8 Richie, *The Films of Akira Kurosawa*, p. 149.
9 Cardullo, *Akira Kurosawa Interviews*, p. 19.
10 Richie, *The Films of Akira Kurosawa*, p. 148.
11 Galbraith, *The Emperor and the Wolf*, p. 305.
12 Ibid., pp. 306–7.
13 Cardullo, *Akira Kurosawa Interviews*, p. 22.
14 Ibid., p. 23.

15 Richie, *The Films of Akira Kurosawa*, p. 160.
16 Ibid., p. 162.
17 Cardullo, *Akira Kurosawa Interviews*, p. 32.
18 Ibid., p. 36.
19 Ibid., p. 40.
20 Richie, *The Films of Akira Kurosawa*, p. 58.
21 Ed McBain, *King's Ransom: An 87th Precinct Novel* (London, 2003), p. 1.
22 Cardullo, *Akira Kurosawa Interviews*, p. 58.
23 Galbraith, *The Emperor and the Wolf*, pp. 352–3.

9 1964–1973: Endings

The chapter epigraph comes from Stuart Galbraith IV, *The Emperor and the Wolf: The Lives and Films of Akira Kurosawa and Toshiro Mifune* (London, 2002), p. 480.

1 Donald Richie, *The Films of Akira Kurosawa* (Berkeley, CA, 1965), p. 171.
2 Galbraith, *The Emperor and the Wolf*, p. 372.
3 Richie, *The Films of Akira Kurosawa*, p. 171.
4 Ibid.
5 Bert Cardullo, ed., *Akira Kurosawa Interviews* (Jackson, MS, 2008), pp. 131, 67.
6 Galbraith, *The Emperor and the Wolf*, p. 386.
7 Richie, *The Films of Akira Kurosawa*, p. 171.
8 Hiroshi Tasogawa, *All the Emperor's Men: Kurosawa's Pearl Harbor* (Milwaukee, WI, 2012), p. 239.
9 *La Cosa Cine Fantastico*, 113, (July 2005).
10 *Lawrence Journal-World*, Sunday, 2 November 1980, Page 2D.
11 Galbraith, *The Emperor and the Wolf*, p. 524.
12 Tasogawa, *All the Emperor's Men*, p. 44.
13 Ibid., p. 48.
14 Ibid., p. 52.
15 Cardullo, *Akira Kurosawa Interviews*, p. 33.
16 Galbraith, *The Emperor and the Wolf*, p. 448.
17 Cardullo, *Akira Kurosawa Interviews*, p. 133.

18 Andrew Robinson, *Satyajit Ray, The Inner Eye: The Biography of a Master Film-maker* (London, 2003), p. 96.
19 Andrew Robinson, *Satyajit Ray: A Vision of Cinema* (London, 2005), p. 284.
20 Robinson, *Satyajit Ray, The Inner Eye*, p. 337.
21 Tasogawa, *All the Emperor's Men*, p. 35.
22 Galbraith, *The Emperor and the Wolf*, p. 378.
23 Ibid.
24 Tasogawa, *All the Emperor's Men*, p. 201.
25 Galbraith, *The Emperor and the Wolf*, p. 469.
26 Cardullo, *Akira Kurosawa Interviews*, p. 85.
27 Galbraith, *The Emperor and the Wolf*, p. 480.
28 Ibid., p. 474.
29 Cardullo, *Akira Kurosawa Interviews*, p. 86.
30 Richie, *The Films of Akira Kurosawa*, p. 195.
31 '*Dodes'ka-den*: A Conversation with Teruyo Nogami', trans. Juliet Winters Carpenter, at www.criterion.com, 18 March 2009.

10 1975–1985: Majestic Pageantry

The chapter epigraph comes from Stuart Galbraith IV, *The Emperor and the Wolf: The Lives and Films of Akira Kurosawa and Toshiro Mifune* (London, 2002), p. 562.

1 Donald Richie, *The Films of Akira Kurosawa* (Berkeley, CA, rev. edn 1998), p. 197.
2 Richie, *The Films of Akira Kurosawa*, p. 198.
3 Ibid., p. 199.
4 Ibid., p. 197.
5 Galbraith, *The Emperor and the Wolf*, p. 512.
6 Akira Kurosawa, *Lawrence Journal-World*, 2 November 1990.
7 Galbraith, *The Emperor and the Wolf*, p. 517.
8 John Baxter, *George Lucas: A Biography* (New York, 1999), p. 275.
9 Richie, *The Films of Akira Kurosawa*, p. 210.
10 Akira Kurosawa and Hideo Oguni, *Ran* (Boston, MA, and London, 1986), p. 5.
11 Richie, *The Films of Akira Kurosawa*, p. 211.

12 Galbraith, *The Emperor and the Wolf*, p. 548.
13 Ibid.
14 Ibid., p. 552; Peter Cowie, *Akira Kurosawa: Master of Cinema* (New York, 2010), pp. 181, 180.
15 Stephen Prince, *The Warrior's Camera: The Cinema of Akira Kurosawa* (Princeton, NJ, 1991), p. 278.
16 Cowie, *Akira Kurosawa*, p. 180.
17 Galbraith, *The Emperor and the Wolf*, p. 562.
18 Ibid., p. 579.
19 Richie, *The Films of Akira Kurosawa*, p. 215.
20 Galbraith, *The Emperor and the Wolf*, p. 575.
21 Catherine Lupton, *Chris Marker: Memories of the Future* (London, 2006), p. 167.
22 Ibid., p. 166.
23 Galbraith, *The Emperor and the Wolf*, p. 585.
24 Richie, *The Films of Akira Kurosawa*, p. 219.

11 1986–1998: Echoes

The chapter epigraph comes from Bert Cardullo, ed., *Akira Kurosawa Interviews* (Jackson, MS, 2008), p. 187.

1 Ed Sikov, *On Sunset Boulevard: The Life and Times of Billy Wilder* (New York, 2000), p. 578.
2 Cardullo, *Akira Kurosawa Interviews*, p. 73.
3 Donald Richie, *The Films of Akira Kurosawa* (Berkeley, CA, revd edn 1998), p. 218.
4 Stuart Galbraith IV, *The Emperor and the Wolf: The Lives and Films of Akira Kurosawa and Toshiro Mifune* (London, 2002), p. 605.
5 Richie, *The Films of Akira Kurosawa*, p. 220.
6 Galbraith, *The Emperor and the Wolf*, p. 609.
7 Anaheim University, 'Martin Scorsese Anaheim University Akira Kurosawa Memorial Trib.', (video), www.myspace.com, accessed 18 February 2014.
8 Richie, *The Films of Akira Kurosawa*, p. 222.
9 Terrence Rafferty, 'Akira Kurosawa's Dreams', www.newyorker.com, accessed 24 February 2014.

10 'Akira Kurosawa's Dreams', www.timeout.com, accessed 24 February 2014.
11 Hal Hinson, 'Akira Kurosawa's Dreams', www.washingtonpost.com, 14 September 1990.
12 Galbraith, *The Emperor and the Wolf*, p. 612.
13 Akira Kurosawa, *Something Like an Autobiography* (New York, 1983), p. 192.
14 Richie, *The Films of Akira Kurosawa*, p. 226.
15 Ibid., p. 244.
16 Galbraith, *The Emperor and the Wolf*, pp. 622–3.
17 Ibid., p. 635.
18 Ibid., p. 637.
19 Ibid., p. 643.
20 Ibid., p. 639.
21 Teruyo Nogami, *Waiting on the Weather: Making Movies with Akira Kurosawa* (Berkeley, CA, 2006), p. 266.
22 Kazuko Kurosawa, 'Preface', in Akira Kurosawa, *A Dream is a Genius* (Tokyo, 1999), pp. 180–82, excerpt published under 'Topics' at www.nostalghia.com, trans. Sato Kimitoshi, accessed 22 July 2014.
23 Cardullo, *Akira Kurosawa Interviews*, p. 187.
24 Josh L. Dickey, 'Splendent Repping Kurosawa Remake Rights', *Variety*, 22 August 2011.

Select Bibliography

Akutagawa, Ryūnosuke, *In a Grove* (Spastic Cat Press, n.p., 2010)
——, *Rashōmon and Seventeen Other Stories* (London, 2004)
Arsenyev, Vladimir, *Dersu Uzala* (Honolulu, HI, 2004)
Baxter, John, *George Lucas: A Biography* (London, 1999)
Cardullo, Bert, ed., *World Directors in Dialogue: Conversations on Cinema* (Lanham, MD, 2011)
——, ed., *Akira Kurosawa: Interviews* (Jackson, MS, 2008)
Cowie, Peter, *Akira Kurosawa: Master of Cinema* (New York, 2010)
Davies, Anthony, *Filming Shakespeare's Plays: The Adaptations of Laurence Olivier, Orson Welles, Peter Brook and Akira Kurosawa* (Cambridge, 1990)
Dostoyevsky, Fyodor, *The Idiot*, trans. David McDuff (London, 2004)
Frayling, Christopher, *Sergio Leone: Something to Do with Death* (London, 2000)
Galbraith IV, Stuart, *The Emperor and the Wolf: The Lives and Films of Akira Kurosawa and Toshiro Mifune* (London, 2002)
Godard, Jean-Luc, *Godard on Godard*, ed. Tom Milne (New York, 1972)
Kurosawa, Akira, *Seven Samurai and Other Screenplays* (London, 1992)
——, *Something Like an Autobiography* (New York, 1983)
——, and Hideo Oguni, *Ran* (Boston, MA, and London, 1986)
Lupton, Catherine, *Chris Marker: Memories of the Future* (London, 2006)
McBain, Ed, *King's Ransom: An 87th Precinct Novel* (London, 2003)
McBride, Joseph, *Steven Spielberg: A Biography* (London, 1997)
Martinez, Dolores, *Remaking Kurosawa: Translations and Permutations in Global Cinema* (New York, 2009)
Mellen, Joan, *Seven Samurai* (London, 2008)
Nogami, Teruyo, *Waiting on the Weather: Making Movies with Akira Kurosawa* (Berkeley, CA, 2006)

O'Mahony, Mike, *Sergei Eisenstein* (London, 2008)
Prince, Stephen, *The Warrior's Camera: The Cinema of Akira Kurosawa* (Princeton, NJ, 1991)
Richie, Donald, *The Films of Akira Kurosawa* (Berkeley, CA, 1965, revd edn 1998)
Robinson, Andrew, *Satyajit Ray: A Vision of Cinema* (London, 2005)
——, *Satyajit Ray, The Inner Eye: The Biography of a Master Film-maker* (London, 2003)
Scorsese, Martin, *Scorsese on Scorsese*, ed. Ian Christie and David Thompson (London, 2003)
Shakespeare, William, *The Complete Works* (Oxford, 1988)
Sikov, Ed, *On Sunset Boulevard: The Life and Times of Billy Wilder* (New York, 2000)
Tasogawa, Hiroshi, *All the Emperor's Men: Kurosawa's Pearl Harbor* (Milwaukee, WI, 2012)
Tolstoy, Leo, *The Death of Ivan Ilyich and Other Stories* (London, 2010)
Turim, Maureen, *The Films of Nagisa Oshima: Images of a Japanese Iconoclast* (Berkeley, CA, 1998)

关于作者

彼得·怀尔德（Peter Wild）是《乘客》（*The Passenger*）(2012) 的作者；他主编过《变态的语言："堕落"乐队歌曲引发的故事》（*Perverted By Language: Fiction Inspired by The Fall*）(2007) 和《空白页："音速青年"歌曲引发的故事》（*The Empty Page*：*Fiction Inspired by Sonic Youth*）(2008)。他还为《卫报》和《独立报》撰稿。

关于本书

"大多数导演有一两部让他们扬名的代表作，"弗朗西斯·福特·科波拉说，"黑泽明则有八九部。"黑泽明的精心之作包括《罗生门》《七武士》《天堂和地狱》《用心棒》《影子武士》和《乱》。影片的风格各异，有动作片、历史剧和心理惊悚片等，这些影片影响了许多当今最卓有成就的导演，如乔治·卢卡斯、斯蒂文·斯皮尔伯格和马丁·斯科塞斯等。

黑泽明在电影拍摄、剪辑和故事叙事等方面的开创性贡献铸就了他在国际影坛上的传奇地位。本书不仅深入评述了他的作品，还对站在摄像机之后的黑泽明本人的家庭以及个人生活进行了探究，记录了他在日本的童年生活、第二次世界大战期间的早期作品，还有伴随其令人瞩目的职业生涯的种种批评。尽管黑泽明在事业上成就斐然，但是他也遭受到来自国内外的各种批评：他受西方电影的影响太大，因此他拍摄的电影并不是纯粹的"日本"电影；他过于感情用事、幼稚、傲慢甚至不可接近。本书将黑泽明放置到他生活的时代背景中，这能帮助读者更好地理解这位伟大的导演本人和他的电影。

本书通过对这位电影大师引人入胜的研究，呈现了这位影响力巨大、总能把控全局的伟大导演，他那精彩纷呈的人生和他那些永载史册的电影。

人，贵在读正确的书

01 贝尼尼传：他的人生 他的罗马
02 全新的但丁：诗人·思想家·男人
03 不寻常的男人：塞万提斯的时代和人生
04 魔戒的锻造者：托尔金传
05 理查德·瓦格纳：作品—生平—时代
06 阿尔贝·加缪：自由人生
07 吸血鬼家族：拜伦的激情、嫉妒与诅咒
08 威廉·福克纳：成为一个现代主义者
09 马里奥·巴尔加斯·略萨：他的文学人生
010 E.E. 卡明斯：诗人的一生
011 蒲宁与纳博科夫：一生的较量
012 查理·卓别林自传：喜剧梦想
013 父与子：信仰与偏见
014 洪堡兄弟：时代的双星
015 永恒：埃德加·爱伦·坡与其世界之谜
016 爱丽丝梦游仙境的创造者：刘易斯·卡罗尔传
017 爱因斯坦自述
018 发明世界的巫师：托马斯·爱迪生传
019 里尔克和女性：挚爱诗心
020 马基雅维里：一个被误解的人
021 打造玛丽·居里：信息时代的知识产权与名人文化
022 在骄阳和新月之下：伊塔洛·卡尔维诺讲故事
023 用人生写作的 J.M. 库切：与时间面对面
024 领悟年代：卡夫卡的一生
025 一段未被记录的历史：E.M. 福斯特的人生
026 爱默生传：生为自由
027 意志力：海明威传
028 斯陀夫人传
029 爱中痴儿：菲茨杰拉德传
030 来自天堂的诗人：威廉·卡洛斯·威廉斯传

人，贵在读正确的书

031 超验 神秘 浪漫：美国作家霍桑传
032 莎士比亚的九种人生
033 "垮掉的一代"教父：威廉·巴勒斯传
034 分析心理学创始人：卡尔·荣格传
035 玫瑰孕育哲思：波伏瓦与萨特
036 文学的深度：陀思妥耶夫斯基传
037 穿越罗生门：黑泽明传

畅销作家系列
哈利·波特背后的魔法师：J.K.罗琳传
纳尼亚世界的构建者：C.S.刘易斯传
魔戒的锻造者：托尔金传